서른일곱, 63년의 목표

: 30대 인생후반을 잘 사는법

―― 30대 인생후반을 잘 사는법 ――

서른일곱,
63년의 목표

서민석 지음

북씽크

프롤로그

작은 변화가 눈부신 인생 후반기를 만든다

세월은 누구에게나 공평하게 주어진 자본금이다.
이 자본을 잘 이용한 사람에겐 승리가 있다.

_아뷰난드

당신! 최선을 다해서 살았는가?

인생의 남은 시간을 좀 더 효율적으로 제대로 살고 싶지 않은가? 몸짱이 되고 싶고, 부자가 되고 싶고, 행복해지고 싶다거나. 그러하다면 지금 자신의 삶을 한번 확인해 보자.

- 연봉 이외에 추가 소득이 있는가?
- 가족들에게 퇴근후나 주말에 많은 시간을 할애하는가? 만족하는가?
- 최근 3년간 얼마나 많은 지식을 회사에서 배웠는가?

- 한 달에 책을 4권 이상 읽는가?
- 출/퇴근 시간에 스마트폰을 안보는 날이 있는가?

질문에 충분히 대답을 할 수 있는 사람은 정말 대단한 사람이다. 하지만 대부분 직장인들은 그렇지가 않다.

필요성은 느끼고 있지만 아니 해야만 하는 것을 알고 있지만 어떻게 어디서 시작을 해야 하는지를 모르고 있다.

나 또한 이 책을 읽고 있는 당신과 같은 회사원이다. 첫 직장은 집에서 왕복 5시간의 거리에 있는 중소기업에 다니면서 하루하루 힘들게 출퇴근을 하였고 인생을 효율적으로 산다는 아니 미래를 준비한다는 것은 전혀 생각하지 않고 살았다. 그러다 출퇴근 시간이 버려지는 것이 너무 아까워 책을 읽기 시작하였고 그로인해 조금씩 인생의 변화가 시작되었다.

그러한 약간의 인생의 변화가 내가 즐겁게 일할 수 있는 회사, 그리고 나의 능력을 발휘할 수 있는 회사로 옮길 수 있게 해주었고, 더불어 인생에 도움을 주시는 많은 선배들을 만날 수가 있었고, 세상을 살아가는 지혜를 배우고 있다.

우리는 전쟁과도 같은 인생을 살고 있다. 그 전쟁 속에는 많은 시련과 어려움이 있지만 젊음이라는 강력한 방패가 있다. 일단 젊음이라는 방패를 도전이라는 강력한 창이 도와줄 수 있다. 하지만 그 창이 정말 날카롭고 단단해야 전쟁에서 살아 남을 수 있다. 30대 후반의 젊음, 절대 무모하지도 그리고 어설프지도 않은 딱 좋은 인생의 시기이다. 이 시기가 바로 남은 인생 후반기를 조용히 그리고 차분히 준비를 해야 하는 최고의 타이밍이다.

본인의 인생의 칼이 무뎌진 것을 알지도 못하고 그냥 방치만 해두면 결국 필요할 때 쓸 수가 없다. 지금 자신의 삶이 편안하고 아무런 생각이 없고 미래에 대해서 아니 삶에 대해 계획을 가지지 않고 살고 있다면 그것이 바로 무뎌진 칼인 것이다.
당신은 칼을 항상 열심히 갈고 날카롭게 유지하고 있다고 생각하는가?

당신! 뒤를 돌아보자.

길게도 가지 말고 딱 5년 전으로 돌아가 보자.
얼마나 많은 변화가 있었는가? 행복해졌는가? 지식의 깊이가 깊어졌는가?
많은 책을 읽었는가? 부자가 되었는가? 회사에서 임원으로 승진을 하였는가?

이 중에 하나라도 그렇다고 대답하면 당신은 성공한 인생을 가고 있는 것이다. 하지만 대부분의 사람들이 그렇지 않다고 대답한다.

그렇다면 반대로 10년 뒤를 구체적으로 상상해 보자.

현재 직장에 계속 다니고 있는가? 학위를 땄는가? 너무나 행복한 가정을 만들어 가고 있는가?

1만권의 책을 읽었는가? 현금자산 10억을 만들었는가?

대부분의 사람들은 가능하다고 대답할 것이다. 하지만 이 중 하나라도 이룰 수 있는 사람들은 많지가 않다.

현재 삶을 살아가는데 있어서 최선을 다하고 있지 않다면, 5년 전의 모습과 10년 후의 모습은 변화가 없을 것이다.

아니 최선을 다해서 살아가고 있다고 하더라도 구체적인 계획 없이는 큰 변화는 없을 것이다.

10년 후의 본인의 모습이 엄청나게 발전되길 바라는가? 그렇다면 이제부터 구체적인 계획을 가져보자.

그리고 그 계획을 열심히 진행하자.

큰 변화가 필요한 것은 아니다. 조그마한 변화라도 꾸준하게 노력하면 쌓이고 쌓여 훗날 눈부신 미래가 될 것이다. 당신의 건강, 사회생활, 가정, 경제에 대해서 조그마한 변화의 팁을 주면 된다.

세상에는 공짜 점심이 없다고 한다. 하지만 저렴하고 맛있는 점심은 있다. 찾지 못했을 뿐이다. 이 책을 펼치는 여러분은 가장 저렴하고 맛

있는 점심을 선택한 것이다.

　우리 모두 행복한 점심식사를 이 책을 통해서 시작해 보자.

　물론 이 책은 여러분을 엄청나게 성공적인 사람, 부자 그리고 몸짱을 만들어주는 것은 아니다. 하지만 삶의 그래프에서 살짝 각도를 틀어줄 수 있는 역할을 해줄 수 있다. 그 각도가 10년 뒤 20년 뒤에는 엄청난 결과를 가져올 것이라고 믿는다. 100세 시대이지 않은가. 필요한 것은 지금 당신의 인생의 칼을 조용히 갈고 닦는 것을 시작하는 것이다.

04　프롤로그 : 작은 변화가 눈부신 인생 후반기를 만든다

제1장 경력관리
회사는 미래를 책임져주지 않는다

- 14　이직을 생각중인가?
- 23　어떠한 공부를 해야 하는가?
- 31　생산성과 기억력(정보활용)
- 40　회사는 커뮤니케이션의 연속
- 48　외모와 태도의 관리
- 54　고객과의 관계는 평생이다
- 62　회사를 취미로 다녀라

제2장 건강관리
아프면 아무런 희망이 없다

- 78　하루 15분 108배의 효과
- 86　무엇을 먹어야 하나
- 98　아침 관리
- 105　뱃살은 식사량이다
- 114　앉아서 살고 있는가? 의자와 이혼해라
- 123　바른 자세는 바른 삶이다

제3장 돈관리
재테크를 무시하면 내 인생이 무시된다

- 134　부자들은 어떻게 하고 있는가?
- 140　은행 예/적금 1년에 얼마를 벌어주나

145	직접 투자
153	간접 투자
162	노후준비의 완성, 연금
169	경매 한번 해볼까?
177	네트워크마케팅이 다단계라고?

 제4장 가정관리
내 가족과 행복해야 인생이 행복하다

186	주말 80분의 효과
190	아침/저녁 5분 사용법
197	말투가 부부싸움을 예방한다
204	내 아이는 어떻게 키워야 하나
215	거실에 소통의 테이블을 놓자

 제5장 인생관리
쉬어야 힘을 내지

224	가족여행은 가까운 거리라도 자주가자
232	내면의 목소리를 들어보자
239	감사하는 마음
247	독서를 배우면 다시 태어나게 된다
255	글쓰기를 해보자
262	젊을 때 준비해야 할 3가지

제1장
경력관리

회사는 미래를
책임져주지 않는다

이직을 생각중인가?

대기업 다녀? 외국계야? 그럼 공사 다녀?
우리가 상대방의 직업에 대해서 궁금증을 가질 때 사람들이 보통 물어보는 말들이다.

어떤 일을 하는지, 무슨 일을 하는지, 어떠한 비전과 목표를 가지고 하는지에 대해서는 물어보지 않는다. 회사가 인지도가 있는 회사인지 아닌지가 궁금한 것이다.

왜 우리들의 머릿속에는 기본적으로 일이 아닌 회사를 기준으로 상대방의 일에 대해서 평가하는 문화가 생기게 되었을까?
우선적으로 연봉이라는 가장 큰 이슈가 있을 것이다. 대기업을 다니게 되면 일반적으로 많은 봉급으로 사회생활을 하게 되는 것은 맞는 말이다.

외국계기업은 어떠한가? 한국에서의 외국계기업은 높은 연봉과 좋은 복지혜택으로 대부분 인식을 하고 있다. 공사는 공무원이라는 생각과 더불어 높은 연봉이라고 생각한다.

우리가 대학을 들어가기 위해서 중고등학교 때 공부를 하고 다시 취업을 하기 위해서 자격증과 토익을 공부하고 최종적으로 대학에서 가지는 목표는 취업이다.

그 취업의 결실을 사람들은 높은 연봉과 복지 그리고 주변사람들의 부러움과 칭찬에서 찾길 바란다. 그렇다면 중소기업에 들어가면 그렇게 좋은 연봉과 복지혜택을 받지 못한다고 말을 할 수 없다. 어느 회사에서 어떤 일을 하느냐에 따라 틀리기 때문이다. 대학교를 위해서 학창시절 공부를 하고 대학시절 취업을 위해서 자격증 및 영어공부를 하고 나서 원하는 회사에 취업을 하게 되면 과연 행복할까?

행복하다면 직장에서 오랫동안 일을 해야 하는데 우리나라의 직장인들은 50%이상이 이직을 고려한다고 한다. 왜 많은 사람들이 이직을 고려할까?

회사의 대리/과장의 레벨이 되면 이직을 한 번도 안한 사람의 경우에는 길게는 8~9년 짧게는 4~5년 정도 그 회사에서 일을 한 것이다. 그 정도의 시기가 되면 다들 한 번씩 이직에 대해서 고민을 하게 된다. 보통 이직은 첫 회사에 들어가서 3년 정도(대리급) 또는 8~9년(과/차장급)이 가장 많다고 한다. 왜 가장 열심히 일할 시기에 이직에 대해서 생각을 하게 되고 실천을 하게 될까?

물론 저자도 이직을 하였다.
이직을 생각하는 가장 큰 이유는 무엇인가? 연봉인가? 인센티브? 복지? 사람과의 관계인가? 아니면 일 자체의 문제인가?

고용노동부에서 직장인들을 대상으로 이직을 고민하는 이유에 대해서 조사를 하였다.

1. 현 직장에 비전이 보이지 않아서	30.3%
2. 현재 받는 연봉이 적어서	17.3%
3. 체력적으로 힘들고 쉬고 싶어서	13.3%
4. 근무환경이나 복리후생이 좋지 않아서	10.3%
5. 상사 및 동료와 잘 맞지 않아서	9.3%
6. 개인사업 및 창업 준비를 위해서	9.7%
7. 잦은 야근이나 주말 출근 등 업무가 과다해서	8.6%

고용노동부의 자료를 보면 가장 큰 고민은 비전이었다. 그 후로 연봉과 체력 및 환경이 뒤따르고 있다. 즉, 비전은 우리 직장인한테는 정말

로 중요하고 크게 일을 하는 이유가 되는 것이다. 하지만 한국에서 비전이라 하면 회사가 안정적이지 못하다는 것을 의미하기 때문에 일반적인 비전과는 약간의 차이가 있다. 결론은 안정되고 연봉이 많은 회사를 선호하는 것이다. 물론 많은 수의 대학생들이 가장 안정적인 공무원이 되기 위해서 많은 시간 노력을 들이는 이유가 있는 것이다.

주변을 보면 취업을 할 때 본인이 가장 잘 할 수 있고 가장 즐겁게 할 수 있는 일을 선택해서 입사를 하는 경우는 많지 않다. 본인의 전공을 살려서 취업을 하면 좋겠지만 대부분 회사의 크기나 연봉 등을 보고 하는 경우가 가장 많다.

그렇기 때문에 대부분 무슨 일을 하고 있냐고 물어보는 것은 어느 회사를 다니느냐고 물어보는 것과 같은 이치이다.

영국의 리저스라는 회사에서 85개국 15,000명을 대상으로 이직 설문조사를 했다. 결론은 승진, 즉 출세가 가장 큰 이유였다. 자신의 능력을 발휘할 수 있는 기회가 주어지지 않은 경우에 이직을 생각하는 것이다.

1위. 승진기회의 부족
2위. 경영진과의 소통부재 또는 경영진의 지나친 업무간섭
3위. 회사에 비전이 없어서
4위. 업무과다로 인한 스트레스

5위. 동료들과의 갈등

우리나라의 정서나 경제상황 그리고 문화 등을 물론 무시할 수는 없다. 하지만 과연 내가 이직을 생각하고 있다면 무엇 때문에 이직을 하고 싶은지 진지하게 생각해봐야 한다. 이직을 원하는 이유가 단순히 연봉이나 직장동료들과의 문제 그리고 회사가 안정적이지 않아서라고 한다면 과연 내가 이직을 한다고 해서도 그 이유가 사라지게 될까? 이직을 하면 모든 것이 내가 원하는 대로 풀릴 거라는 생각을 하지만 사실 그렇지가 않다.

물론 연봉이나 복지혜택에 대해서는 좀 더 좋은 조건으로 회사를 옮길 수 있지만 같이 일하는 직장 동료나 상사같은 경우에는 내가 원하는 대로 선택할 수 없기 때문이다. 결국에는 사람들과의 관계는 이직을 해서도 내가 해결을 해야 하는 것이다.

그렇기에 이직을 하고 싶거나 준비를 하고 있다면 반드시 집고 넘어가야할 것들이 있다.

1. 이직을 해야 하는 이유

이직을 해야 하는 이유에 대해서 한번 노트에 list를 써보도록 하자. 단지 한 가지 이유만으로 이직을 하려고 한다면 다시 한 번 깊이 생각해보자.

2~3가지 정도의 이유가 나온다면 그 옆에 과연 다른 회사에 가서도 이러한 이유가 똑같이 발생할 수 있는 가능성에 대해서 써보도록 하자.

내가 원하는 이직의 이유가 이직을 해서 해결이 되지 않는다면 굳이 이직을 할 필요가 없는 것이다. 차라리 나의 마음가짐이나 태도를 바꾸는 편이 훨씬 더 좋은 해결책이 될 수 있는 것이다.

만약 나의 이직의 이유들이 정말로 이해할만 하고 반드시 해야만 한다고 결정이 되면 시도하라.

2. 근속년수

내가 이직을 하는 이유에 대해서 정리를 한 후에 결정이 되면 옮기려는 회사에 대해서도 진지하게 생각을 해봐야 한다.

회사를 옮기고 나서 최소 5년 이상은 일할 수 있는가? 아니면 3년 이상은 일을 할 자신이 있는가 말이다. 단지 지금의 상황을 해결, 벗어나기 위해서 이직을 한다면 다음 회사에서도 마찬가지 이유로 이직을 하게 될 것이다. 결국 내가 진심으로 회사를 옮기고 싶다면 다음 회사에서 3년 또는 5년 이상 일할 수 있는 마음가짐으로 일을 해야 한다.

물론 나의 경력에도 2년마다 직장을 옮긴다면 과연 좋은 평가가 나올 수가 없는 것이다. 한곳에서 5년 정도의 일을 해야지 다음 회사에서도 나의 경력에 대해서 믿음을 가질 수가 있기 때문이다. 회사의 입장에서 생각을 해보면 쉽게 답이 나올 것이다.

3. 마무리

현재 내가 있는 회사에서 일이 너무 많아서 혹은 문제가 많이 터져서 회사를 이직한다고 한다면 이는 과연 올바른 것인가? 이직을 결정한다면 최소한 회사에서 지금 진행하고 있는 일에 대해서는 마무리를 확실하게 하도록 하자. 장기 프로젝트라면 내 후임이나 나를 대체할 사람에게 인수인계를 정확하게 하고 그것이 힘들다면 문서나 자료를 확실하게 정리를 해야 한다.

내가 지금 일하고 있는 업무를 제대로 마무리 하지 않고 회사를 떠나게 되면 남는 사람뿐만 아니라 자신의 경력에도 커다란 오점을 남기게 될 것이다.

이직을 하려면 최소한 한 달 전에는 회사에 알려주고 회사의 인사담당자나 팀장과 인수인계에 대해서 상의하도록 해야 한다. 입사할 때의 첫인상 보다 헤어질 때의 인상이 평생 가는 법이다.

더불어 우리가 이직을 하게 되면 동종업계로 옮기는 경우가 많기에 결국은 같이 일한 사람들이 돌고 돌아 다시 만나게 되어있다. 물론 그러한 이유로 일을 마무리하라는 것은 아니다.

제대로 된 마무리를 해야 깔끔한 시작이 될 수 있지 않을까?

4. 내가 정말로 원하는 이직인가?

다시 한 번 생각해보자.

내가 정말로 원하는 이직인가? 내가 반드시 이직을 해야만 하는 것인가?

내가 정말로 하고 싶은 일을 하는 것인가? 원하는 일을 하는 것인가? 가슴 뛰는 일을 할 수가 있는가?

절대로 후회할 생각을 조금도 갖지 않고 이직을 할 수 있는지 생각해보자.

우리나라의 교육문화나 시스템이 학생들이 무엇을 원하는지 찾기보다는 시험이나 입시위주로 진행되었고 우리들 또한 그러한 굴레 속에서 지속적으로 교육을 받았다.

대학에 와서도 그러한 틀을 벗어나지 못하고 취업이라는 큰 문을 향해서 학점이나 토익 그리고 자격증 위주로 공부를 하게 되었다.

회사에 입사 후에도 내가 정말로 무엇을 원하고 하고 싶은지 생각을 못하고 있다. 물론 찾으려고 시도를 해본 사람들이 적어서 그럴 수도 있다.

자신이 진정으로 무엇을 원하고 어떠한 일을 하고 싶은지를 먼저 생각하고 그런 일을 할 수 있는 회사를 찾는 것이 정말 중요하다. 이직 또한 그러한 이유로 하게 되면 최고의 이직이 될 수가 있을 것이다.

연봉과 복지혜택 그리고 회사의 비전도 중요하지만 가장 중요한건 본인이 행복하고 즐겁게 할 수 있는 "일"을 하는 것이 아닐까 한다.

한번 자신이 정말로 원하는 일이 무엇인지 진지하게 생각해보고 알아보자. 책이나 티비 그리고 여러 가지 행사를 통해서도 간접체험을 해볼 수가 있다.

우리가 원하는 일을 찾게 되면 이직에 대한 고민도 없어지지 않을까?

하고 싶은 행복한 일을 하자.

어떠한 공부를 해야 하는가?

"이번 주부터 영어 토익 학원 다니기로 했어요."
"왜?"
"혹시 모르자나요. 이직 기회가 있을 수 있으니까 미리미리 준비해야죠."
"나 일본어 공부를 해야 할 거 같아."
"갑자기 일본어는 뭐하려고?"
"회사에서 일본공장하고 일을 하는데 일본어를 할 줄 알면 출장도 갈 수 있고 여러 가지 도움이 될 것 같아서."

   이 대화들은 실제 내가 후배나 친구한테서 들은 내용들이다.
   과연 이들이 토익점수가 높아져서 좋은 곳으로 이직을 하고, 일본어를 어느 정도 높은 수준까지 올려서 직장에서 인정을 받았을까?
   몇 년이 흐른 지금 그들은 당시의 학원들에게 좋은 일만 시켜주고 말았다.

왜 우리들은 직장을 다니면서 공부를 한다고 하면 어학공부를 먼저 생각을 하게 될까?

물론 그중에 몇몇은 공무원 시험을 준비하기도 한다.

이런 친구들을 보았을 때 가장 공통적으로 느끼는 것은 현재 직장에 대한, 그리고 자신의 일에 대한 즐거움을 찾지 못하기 때문이라고 생각을 한다.

우리나라 입시 교육자체가 대학입학을 목적으로 공부를 하게 되어있기에 본인이 원하는 전공이나 공부가 아닌 학교를 우선적으로 선택을 하기 때문이다.

더불어 입학을 하고나서도 자신의 흥미와는 큰 차이가 나기 때문에 취업에 관련된 토익이나 자격증 공부에 매달리게 되었던 것이다.

그로인해 졸업후 입사하고 나서도 하는 일에 대해서는 큰 문제가 없지만 자기계발이나 공부를 해야 한다고 생각이 들면 지금까지 본인들이 해왔던 어학이나 자격증에 대해서만 생각이 드는 것은 어찌 보면 당연한 일일 수도 있다.

물론 저자도 영어학원, 일본어학원, xx학원 등 입사후 정말로 많은 돈을 학원발전을 위해 쏟아 부었다. 물론 도움이 되었던 것은 맞는 말이다. 하지만 돌이켜 보면 어학공부보다는 좀 더 나의 인생이나 관심사에 대해서 공부를 더 했으면 하는 후회가 들기도 한다.

저자가 지금까지 어떠한 공부를 해왔는지 생각해보고 주변 사람들이 했던 공부 및 하고 있는 것에 대해서 정리해보면 다음 세 가지로 정리를 할 수가 있었다. 당연히 본인이 흥미가 있고 좋아하는 공부를 먼저 선택하는 것이 가장 효과가 있고 오래 하는 것이기도 하다.

- **직장 업무 관련** : 어학, 자격증, PT발표, 프로그램(MS, Cad 등), 기획, 제무재표, 영업, 리더십 등
- **개인 취미 관련** : 사진, 요리, 목공, IT, 건강 등
- **재테크 관련** : 부동산, 금융, 경매, 네트워크판매, 주식 등

이런 여러 가지 공부를 해보고 책도 보고 학원도 가고 했지만 정작 직장생활을 하면서 큰 감동으로 나에게 돌아온 것은 없었던 것 같다. 공부하는 것을 감동을 받기위해 하는 것은 아니지만 본인의 만족과 함께 감동을 느낄 수 있다면 투자한 보람이 있지 않을까? 공부라는 의미가 책상 앞에 앉아서 펜을 들고 하는 공부만을 이야기하는 것은 아니다. 몸을 움직여서 기술을 배우고, 사람을 만나서 생각을 배우고, 독서를 하면서 의식을 배우는 것도 공부라고 할 수 있다.

물론 어학 공부, 자격증 공부 등이 의미가 없다는 말이 아니다. 다만

우리가 좀 더 인생을 즐겁고 행복하게 살기 위해서라는 전제를 붙이자는 말이다.

공부를 하면서 내가 이 공부를 왜 하고 있을까 라는 생각이 드는 때가 많이 있다. 더욱이 이 공부가 과연 나한테 있어서 얼마나 많은 도움이 될까? 라는 생각도 들기도 한다.

공부도 어떻게 보면 하나의 프로젝트이다. 자신이 정한 목표와 완성의 단계를 설정하지 않고서 무작정 공부를 하게 되면 이러한 생각이 드는 것이다.

자신이 어학 공부를 하게 되면 반드시 목표를 정하고 그 목표의 완성을 위해서 계획을 설정한 후에 시작을 하는 것과 남들이 다하고 나도 필요할 것 같아서 시작을 해보자 라고 하는 것은 3개월만 아니 1개월만 지나도 확연히 차이가 날 수밖에 없는 것이다.

사람마다 본인이 필요로 하는 것과 느끼는 것이 다르고 상황 또한 다르기 때문에 자신의 생각에 가장 알맞은 공부에 대해서 진지하게 생각을 해볼 시간이 필요하다.

회사를 다니면서 필요하니까가 아닌 내 인생에서 정말로 어떠한 공부가 필요하고 내가 지금 부족하고 메꿔야 하는 부분이 무엇인지에 대해서 말이다.

먼저 자신의 목표를 진지하게 생각해보고 시작을 해야 하는 것이 맞다고 생각한다. 본인이 정말 행복해지고 즐겁게 인생을 살 수 있는 공부를 선택하고 하는 것이 중요하다고 생각한다.

1. 우선 본인이 진짜 하고 싶은 것을 해야 한다

남이 한다고, 주변에서 알아준다고, 이 공부를 하면 왠지 다들 존경해 줄 것 같아서 한다고 시작하면 안 된다.

내가 필요하고 하고 싶은 공부를 해야 한다. 내가 필요하지도 않고 관심도 없는 공부를 시작해서는 시간낭비만 될 뿐인 것이다.

우선 종이에 적어본다. 내가 관심을 가지고 있는 분야가 무엇인지 10분 동안 list를 작성한다. 생각없이 작성한다. 쓸 수 있을 만큼 쓰는 것이다.

그리고 그 list에서 1번과 2번의 항목을 비교해서 둘 중 더 중요하다고 생각하는 것을 남긴다. 월드컵 토너먼트처럼 말이다.

4~5개가 남을 때까지 정리를 한다. 그 후에 그 항목들 옆에 그 항목을 공부하면 어떠한 결과가 내 인생에 나올지 긍정적으로 작성해 본다.

그 결과를 보고 정말 마음이 끌리는 두 가지를 선택한다. 마지막으로 그 두 가지를 하지 않았을 때 내 인생에서 어떠한 일들이 일어날지에 대해서 각각 작성해 본다.

그 내용을 보고 남은 하나를 지금 시작하면 된다. 지금 바로 말이다.

내일 시작한다, 다음 달부터 시작한다가 아니다 바로 지금 알아보고 시작을 하면 된다.

2. 집중에서 독하게 파고들어야 한다

내가 선택한 공부가 맞는 것인지 진짜 해야 하는 것인지 고민하지 말아야 한다. 정해진 공부에 대해서는 내가 하고 싶은 것 중에서 가장 우선순위이고 내가 선택을 한 것이기 때문이다.

업무시간을 제외하고 내가 할 수 있는 모든 시간을 가능한 공부에 투자를 하는 것이다. 이 말은 다른 집안일이나 회사일을 등한시 하라는 말이 아니다. 내가 책임을 지고 있는 일들은 모두 끝내고 편히 쉬거나 티비 앞에 앉아있는 시간을 줄이고 공부를 하자는 말이다.

출퇴근 시간에도 스마트폰을 보지 말고 본인이 선택한 공부에 대해서 시도하고 집중을 해보자. 고3때 공부한 것보다도 더욱 열정과 의지를 가지고 진행해 보자.

지금 아니면 인생에서 이렇게 공부를 할 수 있는 시간은 더욱 줄어든다는 생각으로 하는 것이다.

물론 미친 듯이 모든 집안일과 가정생활을 미루고 하자는 말이 아니다. 우리가 가용할 수 있는 시간을 최대한 활용해서 하면 가정에서도 많은 응원을 해줄 것이다.

가족에게 공부를 한다는 것을 알리고 진지하게 도움을 요청한다. 공부를 해야 하는 필요성을 가족에게 알려주면 핀잔이나 바가지 대신 응원을 해줄 것은 당연한 일이다.

하지만 상황이 독하게 할 수 없는 경우가 반드시 있을 것이다. 그럴 때는 꾸준히 매일같이 최소 30분이라도 공부를 지속적으로 해야 한다.

3. 목표를 정하고 끝까지 해내겠다는 의지로 해야 한다

가장 중요한 것은 하고자 하는 공부를 끝까지 완료해야 하는 것이다. 그러기 위해서는 본인이 목표를 삶는 것이 가장 중요하다.

예를 들어 영어공부를 하게 되면 점수로 나타낼 수 있는 토익 900점이라던 지 아니면 경제공부라면 매일경제에서 치르는 시험이라던 지 자신의 공부에 알맞게 목표를 숫자로 표현되거나 증서로 받을 수 있는 목표를 선정하는 것이 중요하다. 그 목표를 정했으면 목표에 따르는 계획을 세워야 한다. 계획없이는 목표를 따라갈 수가 없다.

비행기가 이륙 후에 목적지가 없이 날아다니면 결국에는 연료가 떨어져서 추락하는 이치와 같다고 보면 된다.

목표는 크게 일간/주간 목표, 월간 목표, 분기/반기 목표로 설정해야 한다. 목표는 거꾸로 설정하는 것이 가장 이상적이다. 예를 들어 매경 시험을 본다고 하면 시험을 볼 날짜를 선택한다.

그 날짜를 기준으로 거꾸로 계획을 세우면 월간목표가 세워질 것이고 그에 따른 주간목표와 일간목표를 설정하면 된다.

저자의 경우 7월말을 원고 마감일로 잡고 매달에 끝내야 할 원고와 매주 그리고 매일 마무리해야할 목표를 정해놓고 반드시 끝낸다는 의지로 하고 있다. 이 원고도 주말인 토요일 오후까지 완료를 하는 목표로 잡고 있기에 집에서 나와 카페에서 글을 쓰고 있다.

목표를 잡게 되면 내가 포기하고 싶거나 흔들릴 때에도 다른 생각을 가지지 않고 꾸준히 밀고 나갈 수 있게 된다.

목표는 나와의 약속이라고 생각한다. 나와의 약속이 깨지지 않게 최선을 다해서 끝까지 해내도록 하자.

내가 하고 싶고 정말 열심히 집중해서 목표를 해냈다면 그 다음에는 다시 다음 목표를 잡아야 한다.

인생은 공부의 연속이고 삶이 끝날 때까지 배움의 연속이다.

"공부하는 인생을 살기로 마음먹었다면, 노력의 힘을 의심하지 말고 믿어 보라. 공부를 하면서 얻은 모든 것들이 우리 인생을 어떻게 바꿀지 아무도 알 수 없다. 그렇지만 오늘 한 걸음을 내딛었을 때, 그 위치는 분명 어제와 다르다. 그리고 묵묵히 한 걸음 한 걸음 가다 보면 언젠가는 출발점이 보이지 않을 정도로 멀리 와 있음을 깨닫게 될 것이다."

_내가 공부하는 이유, 사이토 다카시

생산성과 기억력(정보활용)

"저번 달 프로젝트 담당 업체가 원하는 금액이 얼마였지?"

전혀 예상하지 못한 상사의 질문에 갑자기 등에 땀이 흐르며 긴장을 하는 경우가 있다.

"네 잠시만요."

잠시만의 시간이 10분 이상 흐르고 책상위에는 모든 문서가 흩어지며 서랍속도 문서를 찾느라 정신이 없다.

결국 상사는 본인이 직접 다른 자료를 찾아 확인하고 나를 못마땅한 시선으로 바라본다.

내 통장 번호가 몇 번이었지? 변경된 패스워드가 무엇이지?

왜 얼마 전에 한 업무인데 기억이 나지 않을까?

중요하다고 해서 따로 철까지 했는데 어디에 놓아두었는지 전혀 기억이 안 날까?

모든 직장인들이 한 번씩은 이러한 경험을 가지고 있다. 더불어 요즘은 스마트폰이 대중화 되면서 SNS를 통한 업무요청 및 문의가 오는 경우가 있으며 고객들과도 이메일이 아닌 전화로 결정되는 경우가 많이 있다.

메모를 하지 않으면 금방 까먹는 경우도 있고, 메모를 했다고 하더라도 전달이 안 될 경우에는 최악의 상황이 발생한다.

찾고자 하는 자료를 확인하는 데까지 많은 시간이 소비된다.

자 그러면 어떻게 해야 생산성과 기억력을 이용하여 업무 및 생활을 스마트하게 할 수 있을까?

3가지 방안을 추천한다.

첫째. 어플사용 - *에버노트*

자료는 기본적으로 쓰기, 모으기, 찾기, 그리고 보여주기가 잘 되어야 한다.

내가 언제 어디서든지 쓸 수 있어야 하고, 나의 정보들을 모두 모아서 가지고 있어야 하며, 필요할 때 언제든지 찾을 수 있어야 한다. 더불어 쉽게 보여줄 수도 있어야 한다.

스마트폰을 사용하기 전 일반 핸드폰을 사용할 때에는 메모를 사용하여 정보 및 개인 비밀번호 등을 저장하였다. 물론 저장은 가능하지만 찾기가 너무나 힘들고 비 효율적이었다.

그러던 중 에버노트라는 어플을 우연히 접할 수가 있었다. 내가 원하는 쓰기, 모으기, 찾기, 그리고 보여주기까지 정말 완벽한 어플이었다.

어플을 사용하기 전에 창업주의 마인드를 일단 알아보았다. 창업자인 필 리빈은 에버노트를 100년 기업으로 만드는 것이 목표라고 한다.

"회사 만드는 첫날부터 이걸 키워서 어떻게, 어디에 팔지? 라고 생각한다면 얼마나 슬프고 비참한 일입니까? 세상의 위대한 기업가들을 보세요. 팔려고 만든 사람은 없어요. 어떻게든 세상을 좀 더 바꿔보려고, 뭔가 독특한 것을 만들고 싶어서, 이런 것이 동기가 되어서 회사를 세운 겁니다."

어플이 업데이트가 안 되거나 나중에 갑자기 소멸되면 나의 소중한 정보는 날아갈 수 있기 때문에 메모어플을 고르는 것은 신중하였다. 하지만 필 리빈의 말과 그의 100년 기업을 만든다는 생각이 저자를 이 어플에 빠지게 하는 결정적인 동기가 되었다.

- 쓰기 기능

일반적인 워드프로그램처럼 쉽게 쓸 수 있다. 노트라고 불리는 나의 메모장에 글은 물론이고 사진 및 나의 위치까지 저장이 가능하며 체크

박스의 기능이 있어 해야 할 일 list 등을 만들 때 유용하게 쓸 수 있다. 표삽입 및 파일첨부까지 모두 가능하다.

저자가 가장 크게 감동을 받은 부분은 음성메모이다. 노트에 글을 쓸 수 없는 상황이거나 음성을 녹음해야 할 경우에도 곧바로 저장이 가능하다. 모든 노트에는 내가 원하는 tag를 달 수가 있어 추후 tag로 검색이 가능하다.

사람을 만나 명함을 받아도 곧바로 스캔어플을 이용하여 스캔한다. 그 자료는 나의 연락처 목록으로 저장되기 때문에 명함을 따로 관리할 필요가 없다.

더불어 알리미 기능이 있어 중요한 메모일 경우에는 내가 원하는 날짜 및 시간을 지정하여 똑똑하게 알려주기도 한다.

- 모으기

내가 저장을 하는 순간 evernote의 cloud에 저장이 된다. 이는 내 스마트폰이나 노트북 등에서 사용할 때 최종안으로 모두 동기화를 시켜준다. 따라서 어디서든지 인터넷만 연결이 되면 나의 메모나 자료 등을 불러올 수가 있다.

보안을 위해서 등록된 기계가 아니면 은행업무와 비슷하게 보안코드를 넣어야 자료 열람이 가능하다.

영수증의 경우 스캔을 하여 PDF로 저장하거나 어플을 사용해서 캡처하여 저장할 수가 있다. 저자의 경우 모든 관리비 영수증 및 보증서 그리고 계약서 등의 경우에는 일단 스캔을 하여 저장해 두었다. 중요한 전자제품의 경우에는 보증기간 안에 수리를 받을 경우 반드시 필요하기 때문이다. 스캔을 통해 저장하는 순간 집안에 돌아다니는 종이 영수증과 보증서들이 사라지게 된다. 집에 스캐너가 없는 경우에는 스캔어플을 사용하여도 되고 요즘에는 휴대용 스캐너도 저렴하게 구할 수 있다.

• 찾기

아무리 좋은 글과 자료 그리고 사진 등에 대해서 저장을 했다고 하더라도 정작 필요할 때 찾을 수 없다면 낭패다.

에버노트의 경우 무료회원의 경우 월 60MB(메가바이트)를 사용할 수 있지만 유료회원(프리미엄)이 되면 10GB(기가)를 매달 쓸 수 있다. 더불어 유료회원의 경우 PDF를 저장한 내용까지 검색이 가능하다.

내가 필요한 자료의 제목 또는 내용상에 검색어가 있으면 그 검색어가 들어있는 모든 노트들을 보여준다.

더불어 노트를 사용할 때 tag기준으로 검색할 수 있기 때문에 원하는 tag를 노트에 달아두면 추후에 더욱 빠른 검색이 가능하다.

• 보여주기

모든 자료가 개인을 위해서만 존재하지는 않는다. 친구나 주변사람 그리고 회사직원들과 공유를 해야 할 경우가 있다.

그럴 경우 각 노트공유 기능을 사용하면 이메일, SNS, URL 복사 등을 통해서 특정노트를 쉽게 공유할 수 있다.

예를 들어, 어떠한 책을 읽고 후기를 적어놓았는데 누군가 부탁할 경우에 그 노트의 URL을 복사해서 메일이나 문자로 전달해주면 인터넷이 연결되어 있으면 열어 볼 수가 있다.

개인의 노트북을 사용하고 있을 경우 옆에 누군가에게 보여주거나 발표가 필요할 경우에도 프레젠테이션 기능을 쓰면 파워포인트나 따로 문서를 만들지 않아도 쉽게 알릴 수가 있다.

처음 시작하는 분들의 경우 시중에 에버노트에 관해서 나와있는 책들이 있다. 또한 Youtube에도 강의가 올라와 있으며 인터넷 에버노트 카페에 가입을 해도 많은 사용 정보를 얻을 수가 있다.

정보는 어느 곳에나 많이 있다. 그것을 찾으려고만 하면 쉽게 찾을 수가 있다.

다만 주의할 점은 어떤 회사에서는 보안상의 이유로 접근을 차단한 경우가 있으니 이점 참고하시기 바란다.

둘째, 아웃룩 vs 일정공유

직장인들은 대부분이 아웃룩을 사용하고 있다. 회사 일정의 경우에는 아웃룩에 저장해서 공유 또는 초대를 받기도 한다. 단점이라면 회사 업무용이기 때문에 개인생활에 대한 일정에 대해서는 볼 수 없다는 단점이 있다. 반쪽짜리 아웃룩인 것이다. 저자는 두 가지 일정을 한 번에 공유할 수 있는 방법을 시도해 보았다. 작년까지는 구글 sync라는 것이 있어서 outlook의 data를 구글에 업데이트를 시킬 수 있었지만 구글에서 더 이상 서비스를 하지 않는다.

추천할 어플은 Sunrise와 Calendars5라는 어플이다. 이 어플들의 경우 여러 가지 계정을 공유할 수 있다.

Outllook과 구글, 더불어 icloud까지 가능하다. 다만 큰 차이점은 Sunrise의 경우에는 Evernote와 동기화를 하여 알림 일정이 자동으로 뜨게 된다. Calendars5의 경우에는 Evernote가 불가능 하지만 한 달 치 일정을 한눈에 볼 수 있는 장점이 있다. 이는 개인의 취향에 맞는 것을 사용하면 될 것 같다 . 하지만 아쉬운 점은 MS(마이크로소프트)가 인수하여 업데이트를 중단하고 아웃룩모바일버전에 통합한다고 한다.

친구나 가족이 모임을 하자고 할 때 본인의 메일로 초대를 보내달라고 하거나 자신이 직접 입력하는 순간 나의 일정에 update가 되어 중복되는 약속이 없을 뿐더러 약속을 잊어버리는 실수는 하지 않게 된다.

저자의 경우에는 회사일이나 개인적인 약속에는 문제가 없었지만 처의 약속이나 스케줄을 기억 못하는 경우가 많아 심하게 싸우게 되는 경우가 있었다. 이런 어플들을 알고 난 후에는 처의 약속과 스케줄은 항상 만들어지는 동시에 나의 구글계정으로 초대가 되며, 초대되는 즉시 어플에 list가 나오게 된다.

회사의 출장이 있을 경우 미리 체크가 가능하여 주말에 가족들과의 약속이 겹치는 경우도 없어질 뿐더러 좀 더 효율적인 관리가 가능하다.

셋째, 다이어리 및 책상달력

아무리 전자장비가 좋고 일정관리가 쉽다고는 하지만, 수첩에는 중요한 일정에 대해서 적어 두는 것이 좋다. 나 역시 스마트폰을 항상 사용하고 노트북도 들고다니지만 미팅중이나 사람들과 직접 대면하여 이야기할 경우에는 스마트폰이나 노트북을 펴놓고 하는 것보다는 수첩을 가지고 직접 적으면서 하는 것이 훨씬 이해가 빠르고 상대방과의 분위기도 어색해 지지 않게 된다.

우리의 뇌는 눈으로만 보는 것보다는 오감을 자극하여 받아들이는 정보에 오랜 기억력을 가지고 간다고 한다.

가능하면 종이에 적어라. 그리고 중요한 정보라는 생각이 들면 그 정보를 디지털화하여 저장하면 된다.

더불어 책상달력의 경우에는 기본적인 프로젝트 일정이나 큰 이슈에 대해서 미리 일년치를 표기해 놓거나 그 주 또는 그 달의 행사에 대해서 미리 표기를 해 두면 전체적인 스케줄을 대략적으로 알 수 있다. 더불어 회사 상사나 팀의 스케줄도 적어 놓으면 추후 업무하는 데 있어 많은 도움이 된다.

저자는 앞의 세 가지 사항을 최종적으로 사용하고 있다.

에버노트의 경우 회사 업무에 대해서는 프로젝트별로 저장을 해두어 언제 어디서든 tag나 제목으로 관련사항이 나오게 한다. 업체와의 미팅이나 이슈가 있을 때에도 그 내용에 대해서 해당 프로젝트부분에 update를 해놓는다. 그래서 문의사항이 있을시 곧바로 검색 및 열어보기가 가능해 시간을 줄일 수 있다. 사람들의 명함을 저장하고 그에 관련된 프로젝트 열람시 담당자 명함이 자동으로 떠서 업무에 좋은 툴이 되고 있다.

책 쓰기에 있어서는 한 단락씩 아니 챕터씩 써서 저장을 하고 있다. 내가 필요한 부분은 다시 불러와서 그 자리에서 고칠 수 있으며 최종적으로 수정할 때도 편하고 리뷰를 다른 사람에게 부탁할 때도 링크만 보내면 그 부분에 대해서 리뷰가 가능하다.

수첩의 경우 미팅시에 상대방이 스마트폰을 앞에서 들고 있으면 집중을 하지 않고 딴 짓을 하는 듯한 느낌을 받을 수 있다. 상사 앞에서는 태도가 불량하다는 지적을 받을 수 있다. 따라서 오해를 불러일으키지 않을 수 있으며 손으로 직접 적으면 좀 더 기억이 오래가기에 미팅시나 상사와의 대화시에는 항상 이용한다. 미팅 후에는 디지털화는 반드시 시켜놓는다.

아무리 좋은 어플과 수첩이 있다고 하더라도 본인이 무관심하면 소용이 없다. 무엇보다 본인의 업무 및 중요한 내용에 대해서는 기억하고 관심을 가지는 습관을 들여야 한다.

회사는 커뮤니케이션의 연속

"Joey, 그 제품의 가격은 2,000달러, 그리고 납기는 13주야."라는 전화를 2주를 기다려 해외 직원으로부터 받고 견적서 상에 금액을 넣었다. 고객은 빠른 견적을 달라고 벌써 일주일 동안 연락을 매일 같이 해오고 있다.

해외 직원이 바쁜지 도통 연락을 주지 않고 있다가 겨우 전화통화를 하여 확인한 내용이었다. 내가 진행하는 part의 경우 큰 금액이 아니기에 해외 공장에서도 담당자가 우선적으로 처리해 주지 않고 시간이 많이 걸리는 경우가 많았다.

그런데 문제는 그 견적을 통해 발주를 받고 공장으로 발주를 넣고 나서 터지고 말았다. "Joey, 이 제품의 납기는 30주야. 틀렸으니 변경해서 보내줘"라는 차갑고 간단한 한 문장이었다.

그 직원의 실수인지, 아니면 내가 잘못 알아들었는지는 전화통화로 확인 받은 내용이라 증빙이 없었다. 그제서야 급한 마음에 이메일로 진행하지 않은 나의 불찰에 크게 후회를 하였다. 결국 고객에게 사죄를 하고 더 낮은 금액에 납기를 연기할 수밖에 없었다.

　이는 단적으로 보여주는 우리 회사생활의 오류중의 하나다. 물론 일일이 체크하고 재확인하고 물어보고 진행하면 되지만, 한국의 특성상 빠른 답변을 원하는 고객들이 많기 때문에 우리는 그러한 재확인을 등한시 하고 있기도 하다.

　중요한 것은 직원들 간의 커뮤니케이션이 제대로 이뤄지면 실수는 줄게 되어있다. 이메일로 업무상 이야기를 주고받을 때도 애매한 이야기들로 정확하게 필요한 핵심내용이 파악이 안 되게 장황하게 쓰는 경우가 있다. 그러한 내용보다는 간단하고 명료하게 정리하여 짧게 보내는 것이 더욱 효과적인 것이다.

　어느 후배의 경우 유럽 쪽의 직원에게 납기지연 및 금액의 할인을 요청하면서 A4용지로 2장 분량의 메일을 보냈다. 물론 전체적인 상황 설명과 내용에 대해서 좀 더 쉽게 이해하도록 요청한 내용이었지만 그 메일에 대한 답변은 일주일 동안 돌아오지 않았다. 결국 내가 다시 단순하게 3줄로 요약을 하여 보냈다. 고객의 상황, 금액할인, 납기확인. 그 결과 나의 메일상에 그대로 답변을 달아 간단하게 1시간 만에 답변을 주었다.

정말 수없이 많은 직원들 및 고객들과의 대화 및 메일 그리고 통화를 통해서 우리는 업무를 진행하고 있다. 조그마한 오류나 부정확한 자료 전달로 인해서 다시 업무를 진행히거나 여러 사람들이 늦게까지 야근을 하는 경우도 많이 보았다. 자 그러면 우리가 업무를 하면서 가능하면 깔끔하고 정확하고 빠른 시간 내에 커뮤니케이션을 할 수 있는 방법에 대해서 생각을 해보도록 하자.

이메일

이메일의 경우 우리는 크게 두 가지로 분류할 수 있다. 국내용 메일과 해외 메일이다.

한국 사람끼리는 예의를 지켜서 인사말과 본문 그리고 맺음말까지 쓰는 것이 되도록이면 좋다. 우리나라 한글은 존경의 단어와 말투가 그대로 나타날 수 있기 때문이다. 단, 본문 중에 내가 반드시 해야 할 말에 대해서는 약간 굵은 글씨 또는 살짝 색깔을 넣어서 강조한다. 이는 받는 사람의 입장에서 불필요한 내용을 읽지 않을 수 있게 해주는 조그마한 배려이기 때문이다.

물론 충분한 왕래가 있고 친분이 있다고 하면 불필요한 내용은 제외하고 본문으로 곧바로 진행해도 상관이 없다. 다만, 아무리 나보다 직책이 낮거나 어린 직원이라고 하더라도 반드시 높임말을 사용하는 것을 추천한다.

영문 메일, 즉 해외로 발송하는 메일의 경우는 대부분 곧바로 본문으로 진행하는 경우가 좋다. 대부분 직설적이고 본문을 곧바로 진행하는 경우가 많다. 다만 주의해야 할 점은 메일상에 장황한 설명이나 이해하기 어려운 단어를 사전을 찾아가면서 넣는 것이다. 이는 본질적인 커뮤니케이션의 오류를 범할 수 있기 때문이다. 가장 간단하고 쉬운 단어를 이용하여 정확한 내용 전달이 핵심이다. 영어를 잘하고 못하고의 문제가 아닌 내 의사를 제대로 전달하였는지가 이메일의 핵심인 것이다.

저자의 경우에는 영문 메일을 사용할 때 전체적인 본문의 내용을 쓴 후에는 번호를 넣어서 요약하여 다시 한 번 본문 밑에 넣어준다. 이는 풀어쓴 내용에 대해서 재확인하는 하나의 툴이기도 하지만 간략하게 핵심 내용만을 정리하기에 오류를 줄일 수 있기 때문이다.

- 업무메일상 주의해야 할 점

하나. 긴급한 업무에 관련된 메일을 상대방에게 보냈지만 답변이 없는 경우가 있다. 이럴 때 상대방에게 "Reminder" or "답변 바람"이라고 해서 아무런 내용없이 기존 메일위에 넣어 재발송하는 경우가 있다. 이런 경우에는 딱 한번만 쓰도록 하자. 그리고 되도록이면 한 단어가 아닌 문장으로 보내는 것이 좋다.

둘. "Reminder"의 메일을 보낼 경우 절대 글자 크기를 본문의 것보다 크게 키우거나 붉은색으로 변경하여 진하게 해서 보내지 말자. 이렇게 하면 절대 답변을 받을 수 없는 메일이 될 것이다.

셋. 메일로 쓰는 경우에는 말투나 언어 선택에 있어 상대방에게 오해를 불러일으키거나 기분이 나쁘게 들릴 수 있을 만한 내용은 삭제하는 것이 좋다. 아니면 다른 표현으로 변경해야 한다. 보내는 사람 입장에서는 평소 쓰는 말투와 단어를 사용했겠지만, 받는 사람은 기분이 너무 안 좋을 수 있기 때문이다.

넷. 업무상 메일을 보낸 후에는 전화로 상대방에게 수신 확인 및 간략한 설명을 하는 것이 가장 좋은 커뮤니케이션의 방법이다. 이는 서로의 오해를 줄일 수 있고 답변이 더욱 빨라진다.

전화 통화

요즘은 인터넷 전화기와 스마트폰의 발달로 업무상 통화하는 것에 대해서 해외든 국내든 부담없이 가능해졌다. 하지만 중요한 정보 및 전달사항에 대해서는 전화로만 100% 해결하려는 것은 후에 큰 문제가 발생될 수 있다.

회사 직원 중 영국인이 한명이 있다. 이 직원의 경우는 현장에서 근무하는 시간이 많다 보니 기본적은 커뮤니케이션은 메일이 아닌 전화를 선호한다. 하지만 전화통화를 끊고 나면 그 내용에 대해서 정리하여 메일이나 문자로 재확인하는 것이 아니라 전화 그 자체로 마무리를 하는 것이다. 시간이 지나고 그 내용에 대해서 진행하면 본인이 무엇을 말했는지 기억을 못하고 말을 번복하는 경우가 여러 번 있었다. 추후 이 작은 실수로 인해 project에 큰 영향을 받기도 했다.

• 전화 통화 시 주의할 점

하나. 전화상으로 이야기한 업무적인 내용에 대해서 요약하여 메일로 보내달라고 하거나 또는 직접 정리하여 보내준다. 상대방이 필요 없다고 하더라도 내가 임의로 정리해서 보내야 한다. 왜냐하면 그 전화내용에 대해서 누가 증명을 할 것인가? 이런 약점을 악용하는 업체나 사람도 있으니 반드시 확인 메일을 보내야 한다.

둘. 메일을 정리해서 보낼 수 없는 상황이거나 고객이 정말로 싫어할 경우에는 전화 통화를 녹음을 한다. 이는 추후에 나를 보호할 수 있는 방패가 될 수 있으며 정확한 업무를 위한 것이기도 하다. 물론 나중에 분쟁이 생겨서 녹음내용을 열어볼 경우는 드물겠지만 그럴 경우 정중하게 회사의 전화기는 모든 통화가 녹음이 된다고 설명을 하고 열어보면 된다. 국제전화시 영어를 그 나라말투로 섞어서 엄청 빠르게 하는 경우가 있을 때, 재확인을 할 수 있는 용도로 가능하다.

셋. 메일이나 녹음이 안 될 경우에는 통화가 끝나자마자 문자를 보낸다. 문자상에 중요한 내용에 대해서 적은 후에 보내면 단순히 전화로만 진행한 내용 보다는 확실한 확인이 가능하다.

넷. 정확한 발음과 단어를 사용해서 최대한 내용이 쉽고 제대로 전달이 될 수 있도록 말을 한다. 소위 말하는 영어를 잘하는 사람은 발음이 좋은 사람이 아니라 내용을 제대로 전달하는 사람이기 때문이다.

미팅

회사 업무를 하다 보면 수많은 미팅, 즉 회의가 있다. 팀끼리 하는 작은 미팅에서부터 고객들과 하는 중요한 미팅까지 정말로 셀 수 없을 정도로 많은 미팅을 통해 업무를 진행한다.

대부분의 회사는 고객들 또는 외부 인원과 미팅시 MOM(minute of meeting)이라는 미팅의 내용정리서를 만든다. 이는 서로의 미팅내용을 적어서 직접 서명하고 확인하는 내용이다. 이러한 절차를 가지고 미팅을 하면 큰 문제는 없다. 하지만 작은 사내 미팅 또는 고객과의 간단한 미팅의 경우 MOM까지 적기에는 부담이 되는 경우가 있다. 그럴 경우에는 미팅 후에 간단한 미팅 내용을 정리해서 상대에게 보내주는 것이 가장 좋은 경우이다. 단, 미팅이 끝난 후 다음 날 아침 전까지 이다. 즉, 24시간을 넘겨서는 안 된다.

- (소규모) 미팅시 주의 사항

하나. 되도록이면 핸드폰은 진동 모드 또는 가방 속에 넣어둔다. 가장 기본적인 매너이지만 대부분의 사람들은 핸드폰을 책상 위나 상대방이 보이는 곳에 그대로 방치를 한다. 이는 미팅시에 상대방에게 '나는 전화가 오면 미팅중이라도 받아야 한다' 라는 내용을 알리는 것과 같다.

둘. 미팅시 간략한 노트나 필기류를 반드시 지참해서 내용을 간단하게라도 적는다. 이때 상대방이 나의 노트를 볼 수 있도록 조금 크게 적어서 공유를 한다. 이는 상대방의 입장에서 내가 이야기를 잘 듣고 정리하고 있구나 라는 생각과 함께 혹시라도 잘못 적은 내용이 있으면 그 자리에서 수정이 가능하기 때문이다.

셋. 상대방과 테이블에서 미팅시 너무 떨어져 앉지 않는다. 아무리 책상이 크고 넓다고 하더라도 맞은편이 멀면 심리적으로 거리감이 생긴다. 가능하면 대각선 옆이나 근처에 앉아서 미팅을 하게 되면 좀 더 상대방 입장에서 안정감을 느껴 좋은 미팅이 될 수가 있다.

넷. 어떠한 미팅이라도 미팅의 마무리는 간단한 정리와 본인이나 상대가 해야 할 대응 및 진행사항에 대해서 요약하는 것으로 마무리한다.

다섯. 미팅 후에는 요약된 내용을 고객에게 메일이나 문자로 가능한 빨리 늦어도 24시간 안에 확인을 시켜준다.

이 모든 내용들은 커뮤니케이션을 잘 하기 위한 방법들이다. 커뮤니케이션이란 결국 서로 상대방의 말을 경청하고 잘 들어주고 이해하는 것이라고 생각한다. 어떠한 좋은 도구나 방법을 사용하더라도 상대방을 진심으로 이해하려고 하고 들어주려고 하면 그것이야 말로 최고의 기술이라는 생각이 든다. 상대방 입장에서 생각하고 마음의 귀를 열고 들어보도록 하자.

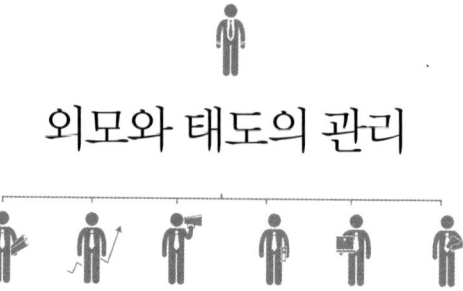

외모와 태도의 관리

얼마 전에 대기업 S업체를 방문한 적이 있다. 담당자인 김과장님은 타 회사에서 스카우트 될 정도로 유능하며 열성적인 사람이었다. 하지만 두 번째 미팅에서부터 항상 심하게 구겨진 와이셔츠를 입고 나왔다. 그 후 김과장님의 이미지는 아마추어같다는 느낌이 들었다. 업무의 문제가 아니라 단순하지만 작은 이미지로부터 그 사람의 전체 이미지가 구겨지기 시작하였다.

왜 그런 것일까? 생각해 보니 내가 사회 초년생일 때 업체 회장님께서 4가지의 뿌리를 잘 관리해야 한다는 말이 떠올랐다. 아니 4가지의 뿌리는 무엇인가?

우선 결론을 말하자면, 4가지 뿌리란 손, 발, 머리, 혀이다. 나도 처음에는 허무했다. 하지만 내용을 들어보니 그건 정말 중요하며 꼭 필요한 내용이었다.

뿌리1 - 손

우리가 처음 사람을 만나서 하는 첫 행동! 악수이다. 악수를 할 때 사람들은 어디를 쳐다보는가? 얼굴? 눈?

물론 얼굴을 먼저 보는 사람도 있지만 가장 먼저 눈이 가는 곳은 상대의 손이다. 상대의 손이 지저분하며 손톱이 너저분하면 악수하는 중에 손의 힘이 안들어 간다.

업무를 할 때도 항상 손은 키보드나 마우스에 고정이 되어있다. 손은 얼굴과 마찬가지로 항상 발가벗고 있다.

이러한 손을 깨끗하게 관리하면 상대방의 호감이 급상승하게 된다. 손톱을 제때 정리하고 자주 손만 씻어도 쉽게 관리가 가능하다. 사무직보다 현장 근로직원들의 손이 더 깨끗하고 관리를 잘하고 있는 것을 알고 있는가?

조그만 관심으로 손에 대한 인상을 변화시킬 수 있다. 긍정의 악수 한번으로 다음 업무의 흐름은 좋아질 것이다.

뿌리2 - 발

미팅 중에 자리에 앉아 상대의 발을 쳐다보는 경우가 있다. 그런데 상대의 구두에 뽀얀 먼지가 쌓여 있다. 그 후로는 나는 상대의 얼굴을 보면 먼지가 쌓인 구두가 떠오를 것이다.

대부분의 직장인은 구두를 신고 출퇴근을 한다. 업무를 보는 중에도 구두를 신고 있다. 그 구두가 눈부시게 닦여 있다면 자신의 자신감도 눈부시게 될 것이다.

파리가 미끄러질 정도로 닦으라는 말이 아니다. 출근 전에 구둣솔과 헝겊으로 한 번 손질하면 된다.

남자들은 대부분 구두의 뒷굽에 신경을 자주 안 쓴다. 구둣방에 가면 교체하라고 해야 그때 바꿔준다. 구두의 뒷굽을 주기적을 체크하고 갈아주어라. 뒷굽이 닳아서 작아지면 나의 걸음걸이에도 영향이 있다.

구두는 그 사람의 경제적인 상태 그리고 지위를 쉽게 표현해 준다고 한다. 식당에 가서 구두를 거리낌 없이 벗고 올라가야 하지 않을까?

뿌리3 – *머리*

3년 전에 일본 출장을 갔었다. 일본 담당자는 둥그런 외모와 시원한 성격으로 출장기간 동안 즐겁게 보낼 수 있었다.

하지만 마지막 날 저녁시간에 고기집에서 고기를 굽는 그의 어깨 위와 머리카락 사이에 심할정도로 쌓여있는 비듬을 보았다. 식욕이 뚝 떨어졌다.

나는 아침에 화장실에서 10분 이상을 머리 정리하는 데 공을 들이고 있다. 머리가 제대로 안 되는 날에는 자신감이 떨어지기 때문이다.

머리를 멋있게 화려하게 하라는 말이 아니다. 깔끔하게 정리를 하라는 말이다. 비듬이 있는가? 시중에 판매되는 비듬약으로 충분히 치료가 가능하다. 더불어 나같이 반곱슬인 사람들은 머리에 제품을 발라줘야 세팅되기 때문에 저녁 퇴근 후에는 반드시 샴푸를 해야 한다.

머리카락이 지저분하게 나오기 전에 미용실에 들려라. 20분 정도 정리만 하면 단정하게 변할 수 있다. 1주일에 한 번이 부담이 되면 2주에 한 번도 충분하다.

아침 지하철에서 향기나고 깔끔한 머리를 하고 있으면 주변 사람들도 즐거워진다.

뿌리4 – 혀

이 혀라는 것이 너무나도 무서운 존재다. 손이나 발로 때리고 차는 것보다도 혀로 상대를 가격하는 것이 더 큰 상처를 주는 것은 당연하다. 특히 자신이 평소에 안 좋아 하는 사람, 못 마땅한 사람, 싫어하는 사람 등에 대해서는 절대로 다른 사람에게 이야기를 하거나 생각을 말해서는 안 된다. 모임에서 모두가 그 사람에 대해서 이야기를 하더라도 본인은 입을 다물고 듣기만 하라. 아니 그 자리를 피하는 것이 좋을 것이다.

내가 좋아하는 사람에 대해 이야기를 하더라도 험담이 나올 경우가 있는데 심지어 싫어하는 사람 이야기가 나오면 얼마나 안 좋은 이야기를 할 것인가?

그러면 그 사람에 대한 나의 감정은 더욱 안 좋아 질 것이다. 차라리 듣지도 말고 하지도 말자.

업무를 볼 때 대부분의 의사소통은 전화로 진행한다. 지방, 해외에 있는 직원, 거래처 사람들 등 전화로 업무를 할 때 첫 인사를 어떻게 하는가?

특히 내가 피곤하거나 상사에게 혼이 나서 스트레스를 받아있거나 연속된 전화업무로 지쳐있을 때 나도 모르게 목소리가 저음이나 짜증이 들어가 있지 않은가? 전화를 받을 때 힘들겠지만 정말 밝게 받아보자. 억지로라도 힘차게 인사를 해보자, 아니 더 큰 목소리로 이야기를 해보자. 이러한 밝은 전화 습관을 만들어 보는 것이 훌륭한 업무매너다. 어떠한 상황에서도 밝은 목소리로 전화의 첫 인사를 시작해보자. 그 업무는 십중팔구 즐겁게 끝날 수 있을 것이다.

우리는 사회생활을 하면서 배려라는 단어에 너무 취약하다. 이 배려라는 것이 큰 행동을 필요로 하는 것이 아니다. 문을 열고 들어갈 때 뒷사람을 위해서 잡아주는 것, 엘리베이터에서 열림 버튼을 잠시 눌러주는 것, 지하철 버스에서 자리를 양보해주는 것 너무나 쉽고 간단하다.

큰 빌딩의 경우 회전문이 중앙에서 크게 돌고 있다. 그 문이 많은 사람들의 속도로 인해 빨리 돌고 있었을 때 어느 신사가 들어가서 속도를 낮추는 모습을 본 적이 있다. 그 신사는 회전문을 들어가려고 하는 짐을 가득 들은 택배 아저씨를 배려해서 한 행동이었다. 당연히 그 신사가 정말 멋있어 보인 것은 사실이다. 항상 문을 열고 들어갈 때 뒤를 돌아보자. 회사 직장 동료나 거래처의 직원들에게도 밝은 웃음을 띠면서 인사를 하자.

자 이제 출근할 때 본인의 발끝, 머리끝, 손끝 그리고 혀끝에 대해서 한번 쳐다보고 출근하는 습관을 만들어보자.

내가 아무리 상대에게 호감을 표현하고 친해지고 싶지만 외모의 조그마한 실수로 인해서 인상이 변할 수 있기 때문이다.

고객과의 관계는 평생이다

"사장님 안녕하세요! 잘 지내시죠? 제가 근처 왔는데 커피한잔 주시겠어요?"

"어~서과장 당연하지 얼른 와요!"

전 직장을 그만두고 여수에 갈일이 있었다. 여수에는 전 직장에서 같이 일하던 대리점이 있었다.

그 쪽의 사장님은 오랜 시간 전 회사와 일을 하셨고 정말 감동적인 분이셨다.

그분의 경우 항상 내가 방문할 때마다 나이가 훨씬 어린 나에게 깍듯하게 인사를 해주시고 악수를 해주셨다.

그리고 아무리 기분이 나쁘거나 금전적인 손해가 나도, 아니면 우리 쪽의 답변이 늦어져도 크게 화내지 않으시고 싫은 소리도 안하셨다.

나도 그러한 매너가 좋으신 분들에게 방문하거나 연락을 하게 되면 따라서 말이나 행동을 하게 되는 것 같다. 왠지 그분 앞에 가면 더욱 조심하게 되고 더욱 높임말을 주의해서 쓰고는 한다. 그런 분들은 존경의 대상이 된다.

  한번은 미팅을 잡으려고 하는데 갑자기 강원도까지 가야 한다고 하시길래 물어보니 전 거래처 직원이 결혼한다고 해서 차편이 없어서 미리 하루 전날에 가야한다고 하셨다. 여수에서 강원도까지 꽤 먼 거리인데 현재 거래처의 직원도 아님에도 불구하고 인간관계를 중요시 여기기에 가시는 것이었다.
  이러한 분들은 조그마한 관계라도 항상 소중히 여기시고 아끼는 마음을 항상 가지고 계신다. 물론 사업이 잘될 수밖에 없지 않은가?

  이와는 상반되는 고객들도 있다.
  내가 담당하던 대기업의 현장 구매 담당자 분이 계셨다. 그분은 나하고 나이차이가 얼마나지 않았다. 하지만
  "서과장님, 이거 내일까지 자료 제출안하면 안 되겠는데?", "이거 빨리 안해줄거면 하지 마시던가", "모르겠고 내일까지 보내요."
  이런 식의 말투와 행동으로 나뿐만 아니라 다른 업체들까지 응대하였다. 사람들은 소위 갑의 위치이기 때문에 그렇다고 생각을 하겠지만 그렇지 않다. 같은 회사에 더 높은 포지션에 있는 다른 분들 중에는 위의 대리점 사장님처럼 젠틀하고 배려를 해주시는 분들도 있다.

여하튼, 이러한 사람의 경우에는 나도 모르게 짜증이 나며 전화통화를 할 때나 이메일을 볼 때마다 마음이 불편하였다.

현재 당연히 이 분에 대해서는 어떻게 되었는지 관심도 안 간다. 혹시라도 지나가다 만나게 되면 모른척 할 것 같다.

여러분은 어떠한 사람의 유형인지 생각해 보자.

내가 일을 함에 있어서 힘들고 어려워도 진지하게 상대방의 입장에서 다시 생각해보고 서로 이해를 하여 최대한 좋은 방향으로 해결을 하려고 하는 타입인지 아니면 상대방의 잘못이나 실수에 대해서 꼬투리를 잡아서 어떻게든 나만 편하게 일을 하려고 하는 사람인지 말이다.

> 남을 너그럽게 받아들이는 사람은 항상 사람들의 마음을 얻게 되고,
> 위엄과 무력으로 엄하게 다스리는 자는 항상 사람들의 노여움을 사게 된다.
>
> _세종대왕

우리가 일을 하면서 정말 많은 사람들을 만나게 되고 관계를 형성하게 된다. 물론 잠깐 스쳐가는 사람이 있을 수도 있다. 저자의 경우에는 영업 쪽에 있다 보니 일반 사무직보다는 훨씬 더 많은 사람들을 만나기도 한다.

그런데 중요한 것은 사람들을 만나면서 나의 태도가 아닌 상대의 태

도에 따라서 내가 행동이 변화가 되는 것을 느낄 수가 있었다.

내가 의도하지 않아도 점잖고 젠틀하신 분 앞에서는 나도 모르게 젠틀하게 변하는 것 같고, 나를 막대하고 아랫사람 부리듯 하는 행동을 하는 분들에게는 무시 라는 나의 큰 카드를 내보일 수밖에 없었다.

신기한건 살면서 내가 한번이라도 인연을 맺거나 관계를 가졌던 사람은 언젠가는 다시 만나게 되어 있다. 다시 만났을 때 밝게 웃으면서 인사를 하는 경우와 서로 무시하고 못 본 척 넘어가는 경우도 있다.

심지어 같은 직종에서 일을 하는 분이라면 만날 확률이 정말로 높을 수밖에 없다. 다시 만나서 일을 하게 되는 것에 대한 걱정으로 사람을 대할 때 잘하자는 말이 아니다.

한번 만난 인연의 경우라도 좋은 인상을 주고 서로 긍정적인 인상을 교환하자는 말이다.

우리가 일을 하면서 관계를 맺게 되는 경우는 여러 가지가 있다. 프로젝트를 하면서 같은 협업사로, 대리점 고객으로, 판매자 등 수도 없이 많은 경우가 있다. 이렇게 일을 하고 마무리를 할 때 쯤에는 서로에 대해서 가지고 있는 생각이나 감정이 틀린다. 좋은 감정과 기분으로 일을 마무리하는 경우에는 당연히 다음 프로젝트도 같이 일을 하고 싶은 생각이 든다.

그러면 어떻게 하면 우리가 타 업체 및 타인, 즉 고객과의 관계를 좋은 방향으로 유지를 하고 지킬 수 있을까?

이는 정말 간단하면서도 쉽지는 않은 것들 중의 하나다. 크게 3가지만 지키면 그래도 나쁘지 않았다고 할 수 있는 행동 수칙이 있다.

하나. 말투
정말 중요하다. 옛말에 "아" 다르고 "어" 다르다고 하지 않았던가?
말투는 무조건 존대의 말을 한다. 상대방이 나보다 나이가 어리더라도 절대 반말을 하지 않는다. 저자는 지금까지 직장생활을 하면서 회사 내부에서도 절대 먼저 아랫사람이라도 반말을 하지 않았다. 나중에 정말 편해지고 친해지면 그때는 하였지만 그전에는 그러지 않았다.
고객과의 관계에서는 절대 안 된다. 아무리 좋은 관계라고 하더라도 반말을 하는 순간 내가 상대방을 쉽게 생각할 수 있기 때문에 절대 반말로 관계를 가져서는 안 된다. 물론 술자리에서 술이 거해 서로 말을 놓기로 할 수도 있지만 그 다음 날이 되면 다시 말을 높인다.
일단 높임말을 쓰게 되면 상대방에 대해서 나도 모르게 존중을 하게 되고 아무리 화가 나거나 짜증이 나더라도 막말을 하지 않게 된다. 더 신기한건 내가 높임말을 쓰게 되면 상대방도 어정쩡하지만 같이 높임말을 쓰게 되는 것이다.
서로 존경의 높임말을 쓰면 참으로 즐거운 일이지 않은가?

전 직장에 여수 쪽을 처음 담당했을 때는 담당자의 말투에 너무나 스트레스를 받았다. 왜냐하면 여수 쪽의 사투리가 너무나 나한테는 강하게 들리고 꼭 화를 내는듯한 말투였기 때문이었다. 물론 화를 내야하는 일이 있거나 불평이 있으시면 더욱 말투는 나에게 강하게 들어왔다.

하지만 그 와중에 그런 사투리로 높임말을 써주시는 분들도 계셨고 그로 인해 힘들었던 위기는 잘 넘어갈 수가 있었다. 특히 전화로 업무를 많이 보는 사람들의 경우에는 말투에 따라 회사의 업무의 질이 확연히 차이가 난다.

둘. 인사

고객을 만나면 인사를 한다. 여러분은 어떻게 인사를 하는가?

살짝 목례만 하는가? 아니면 서로 명함을 주고 명함만 바라보고 처음 인사를 하는가? 악수를 하는가?

사람을 처음 만나는 자리, 첫인상이 그 사람의 대부분을 평가해 버린다고 한다.

> "첫인상은 누구도 두 번 줄 수 없다. 그러나 첫인상의 위력은 의외로 막강하다."
>
> _주디 갈런드

고객을 만날 때 우선 인사를 하면서 고개를 45도정도 숙인상태에서 1초정도 멈추고 일어난다. 45도라는 각도는 너무 많이 숙인 것도 아니고 너무 적게 숙인 것도 아닌 적당한 각도이기 때문이다. 처음 보는데 90도 각도로 인사를 하는 건 상대방도 너무 부담이 되기 때문이다.

여기서 중요한건 잠깐 틈을 주는 1초이다. 이 1초로 인해서 상대방은 나의 인사가 진정성이 있다고 느껴지는 것이다. 틈도없이 살짝 숙였다가 일어나면 상대방은 건성으로 인사를 한다고 생각을 할 수 있다.

인사후 또는 인사대신으로는 악수를 꼭 해라. 먼저 적극적으로 손을 내밀고 눈을 바라보면서 약간의 힘을 주면서 2~3초간 하면 된다. 물론 나보다 직급이 높으시거나 나이가 많은 분들 그리고 여자분에게 청하는 것은 아직 우리나라 문화상 실례이기도 하다.

나의 경험상 두 손으로 악수를 하시는 분들도 계셨는데 첫 인상으로는 약간 부담이 되었다. 다만 두세 번째 만남이 되면 두 손으로 악수를 해주시면 기분이 좋은 건 사실이었다. 시도 해볼 만한 행동이다.

이렇든 간단한 인사는 고객과의 첫 관계를 부드럽게 이어갈 수 있게 해준다. 더불어 항상 만날 때마다 바르게 인사하는 습관을 가지는 것은 일을 잘하고 못하고를 떠나서 상대방에게 좋은 인상이 남을 수밖에 없다.

셋. 미소

입 꼬리를 올려라. 눈도 같이 웃어라.

이야기를 하면서 입에 미소를 머금고 있으면 분위기가 한결 밝아진다.

물론 심각한 이야기나 불만사항을 이야기하고 계실 때는 정중하게 받아들여야 하지만 일반적인 대화에서는 미소를 머금고 이야기를 한다.

미소는 일종의 습관이다. 계속 집에서도 혼자 있으면서도 미소를 짓도록 노력해보자.

　상대방과 이야기를 할 때 미소를 짓는 것이 얼마나 큰 힘이 되는지는 직접 해보면 느낄 수가 있다. 우리가 티비에서 보는 탤런트들이 이뻐보이고 아름다워 보이는 가장 큰 이유들 중에 하나는 그들이 항상 미소를 짓고 있기 때문이다.

　고객과 아름다운 밝은 미소를 보이면서 이야기를 하면 일이 심각하게 흐를 것도 최대한 좋은 방향으로 흘러간다.
　유태인의 속담에 미소짓지 않으려거든 가게 문을 열지 말라는 말이 있다. 이 말의 뜻을 좀 더 깊이 생각해 봐야할 것 같다.

　고객과 쉽게 좋은 방향으로 관계를 맺을 수 있으며 오랫동안 유지할 수 있다. 내가 어떻게 하느냐에 따라서 힘들지 않다. 위에 간단하게 제시한 일들에 대해서만 오늘부터 시도해 보는 것이다.
　내가 지금까지 어떻게 해왔는지 보다 지금부터 바뀌면 되는 것이기 때문이다.
　미소를 지어라!

"제가 강조하고 싶은 것은 미소짓는 것이 어려울 때일수록 서로에게 미소로 대해야 한다는 것입니다."

_마더 테레사

회사를 취미로 다녀라

봉급을 받는 샐러리맨들

우리는 회사에서 매달 일정한 금액을 주는 회사에 다니고 있는 우리들은 행복하다고 느끼고 있다.

잘 닦여진 안전한 길을 걸어가고 있는 것이다. 그 길에서 큰 문제나 실수 또는 사고만 없다면 60살까지는 (최근에는 55살, 아니 20대 명퇴이야기도 나오지만) 어떻게든 봉급을 받을 수가 있다.

매달 같은 날에 통장에 차곡차곡 들어오는 돈을 보면서 대부분의 사람들은 행복해 하고 다시 다음 달 돈을 받기위해 일을 한다.

이렇게 한 달 일 년이 지나고 나서 다시 이년 삼년이 되면서 직장인들에게 있어 봉급이란 생활을 유지하기 위해서 반드시 필요한 존재가 되고 완벽한 습관으로 굳어져 버렸다. 그런데 이 습관이라는 것이 정말 무서운 존재인 것이다. 몇 년 동안 굳어져 버린 습관을 버리거나 바꾸려고 하면 엄청난 힘과 노력을 들여서도 잘 안 되는 경우가 있다. 우리 봉급생활자도 마찬가지이다. 내가 봉급을 떠나 스스로 경제적인 기반을 마련하고자 노력을 해도 다시금 봉급생활자인 샐러리맨으로 쉽게 돌아오기 때문이다. 100세 시대인 우리가 봉급생활자로서 살아갈 수 있는 수명은 얼마나 남았는가를 진지하게 생각해볼 시간이다.

55세까지 일한다는 기준에서 30대 중반의 직장인이 회사에서 일할 수 있는 시간은 20년 정도가 된다. 그러면 대부분의 우리시대의 남자들이 30살에 취업을 하고 55세까지 25년 동안 일을 하고 나서 남은 45년을 25년 동안의 수입을 기본으로 하여 살아야 한다는 것이다. 물론 혼자 사는 것이 아닌 가족을 부양해야 할 책임을 가지고 살아가야 한다. 취업을 하고나서 어느 정도 시간이 지난 후에 결혼을 하고 아이를 낳고 그 아이가 학교를 들어가고 대학을 가면 이미 그때는 퇴직을 해야 할 시기가 온다. 25년 동안 얼마나 많은 돈을 벌어야 남은 45년의 인생을 살아갈 수 있다는 말인가? 45년 동안 아프지 않고 건강하게 다른 소일거리를 하면서 살 수 있다고만 청사진을 그릴 수는 없는 노릇이다.

지금은 3포세대(연애, 결혼, 출산)라는 말이 이러한 시대상을 잘 반영해주는 말인 것 같다. 한국의 경제침체로 인해서 최근에는 더 심한 5포세대(연애, 결혼, 출산, 대인관계, 내집마련)까지도 나오고 있으니 이는 미래에 대한 준비가 아닌 현재도 불안한 실정을 나타내는 말이라고 할 수 있다. 이렇게 시대가 변해가고 있고 경제 또한 긍정적으로만 기대하기는 힘들다. 그러면 봉급생활자인 우리들의 경우에는 어떻게 살아가야 하는 것인가? 우리가 어떻게 미래를 준비해야 하는가? 어느 방향으로 내가 달려가야 옳은 길인가? 대부분의 샐러리맨들은 미래를 당연히 걱정하고 불안해하고 있다. 저자도 마찬가지이다. 회사가 내 미래를 책임져 줄 수는 없으며 나 또한 회사를 전적으로 믿을 수도 없는 것이다. 그렇다고 회사를 당장 떠나서 사업을 하기에는 너무나도 큰 리스크가 있다. 안전한 봉급을 받고 사는 우리 샐러리맨들은 포장이 되어있는 도로를 편하게 달리지만 언제 낭떠러지가 나올지를 모르는 느낌으로 사는 것이다.

그렇기에 요즘 봉급생활자가 아닌 그렇다고 완벽하게 사업이라고는 할 수는 없는 1인 기업이라는 말을 쉽게 접할 수가 있다.
주변에 보면 1인 기업이라 자칭하시는 분들이 많이 생기고 있다. 이는 본인 스스로가 회사를 운영하면서 혼자만의 힘으로 사업을 일구고 수익을 발생하는 구조라고 할 수 있다. 예를 들어, 어느 작가가 책을 내서 베스트셀러가 되고 그에 따라 강연을 다니면서 수입을 벌고 더불어 대중매체에 출연하여 광고 등의 추가 수익을 만들어 내면 그 사람은 혼자 수입을 창출하는 1인 기업이라고 할 수 있다. 파워 블로그들도 자신의 블로그의 홍보를 통해 광고수익을 얻어 수입을 창출한다면 그 또한 1인 기업이라 할 수 있다. 초기 투자비용이나 자본금이 일반적인 사업과는 틀리게 많이 들지 않으면서도 본인의 기술과 역량을 이용해서 일정한 수익을 창출해 나갈 수 있는 것이다.

그들은 정년도 없을 뿐만 아니라 자기가 원하는 날까지 일을 할 수 있다는 점에서 정말로 큰 장점을 가질 수가 있다.

대부분의 1인 기업가들은 직업이 하나가 아니라 두세 개가 되며 그 또한 프로라고 불릴 정도로 지식이나 그에 따른 정보를 잘 알고 있으며 본인들이 원하고 행복해 하는 일을 대부분 하고 있다. 그래서 그들을 보면 자기관리가 철저한 사람들이 대부분이다. 매일 같은 시간 관리뿐만 아니라 공부 및 정보 수집 그리고 시장의 파악 등 혼자서 해야 할 것들이 너무도 많기 때문이다. 따라서 요즘에는 기본적인 업무나 관리 등에 대해서 1인 기업가들을 도와주는 업체까지도 생겨나고 있다.

저자는 이러한 1인 기업가들의 사고방식과 일하는 시스템 등을 샐러리맨들이 보고 배워야 한다고 생각한다. 우리가 다니는 직장을 그만두기 보다는 직장을 다니면서 다른 수익원을 창출할 수도 있는 것이고, 더불어 직장 내에서도 여러 가지 아이디어로 접근할 수 있는 방법을 생각해 낼 수 있다. 가장 큰 것은 내가 어디에서 일을 하던지 주인의식을 가질 수가 있다. 단순한 봉급생활자가 아닌 1인 기업가들로 변신을 하는 것이다.

변한다고만 해서 그냥 변해지는 것은 아니다. 그만큼의 노력이 필요하다. 우리가 추구해야할 노력은 하기와 같다.

하나. 공부 공부 공부!
둘. 많은 지식을 섭렵해야 한다.
셋. 물어보고 배워라.
넷. 자신의 관심사항이 무엇인지 확인한다.
다섯. 가족들의 도움이 필요하다.

1인기업과 샐러리맨의 차이점은 어디서 나온다고 볼 수 있을까? 우선 둘의 가장 큰 공통점은 수입이다. 봉급이 되었던 광고 또는 제품의 판매로 인한 수입이 되었던, 돈을 벌기 위해서 일을 하는 것이다. 당연한 말이겠지만 수입이 없이 일을 하거나 생활을 하는 것은 불가능하기 때문이다.

샐러리맨들이 항상 고민을 하는 것들이 있다.
이 회사에 대해서 언제까지 내가 믿고 다녀야 하는 것인가? 이다. 물론 저자도 마찬가지이다.
그렇다고 해서 지금 안정적인 수입이 들어오고 있는 이 회사를 내일 당장 때려칠 수 있는 무모한 용기를 가진 사람도 많지는 않다.

경제가 점점 안 좋아질수록 샐러리맨들의 얼굴색도 점점 안 좋아 지고 있다. 경기에 대한 가장 민감한 반응을 보이는 곳이 바로 회사이기 때문이다.

  회사가 수익구조가 좋지 않고 힘들다는 소리가 나올수록 밑에서 열심히 일하고 있는 우리 샐러리맨들은 점점 눈치가 보이기 시작한다. 그러나 그중에 눈빛이 초롱거리며 자신의 주장을 힘껏 펼치고 절대 기죽지 않고 회사생활을 하는 사람들이 정말 가끔씩 볼 수 있다.

  그들은 소위 말하는 "회사를 취미로 다니는 사람들"인 것이다.

  회사에서 버는 수익이 1순위가 아니라 다른 부업이나 투잡으로 인해서 주업이 뒤바뀐 경우인 것이다.

  핸드폰도 스마트폰으로 변화가 되고 있지만 사람들 또한 점점 스마트하게 변하고 있는 것이다. 회사만이 나를 먹여살려주는 것이 아니라는 것을 피부로 느끼고 있다.

  이러한 현실에 일찍 눈을 뜨는 사람들은 이미 본인의 부업 또는 사업을 시작하고 있다. 그들은 돈이 많아서 그리고 부모님을 잘 만나서 시작을 했을까?

  아니다 절대 그렇지 않다. 그들은 알아보면 우리가 평범하게 접하는 사람들이 아닌 것이다. 인생의 목표를 세우고 그 목표를 향해 열심히 달려가고 있는 것이다.

  그러면 우리도 이들처럼 목표를 세워보고 회사를 취미로 다녀볼 수 있는 방법에 대해서 생각을 해보도록 하자.

쉽게 부업이나 창업 등 통틀어서 사업이라고 하겠다.

다들 알겠지만 사업을 하기위해서는 반드시 필요한 것이 있다. 무엇을 할 것인지 정하는 것이다.

쉽게 창업할 수 있는 치킨집이나 커피샵 등도 할 수 있지만 젊은 우리들이 처음부터 레드오션에 들어갈 필요는 없어 보인다.

- **아이템 or 시장, 분야**

그러면 어떠한 분야를 우리가 시작할 수 있을까? 먼저 본인이 무엇을 잘하는지를 파악해야 한다. 자신이 잘하는 아니 관심이 많이 가고 즐기는 것을 위주로 생각을 해본다.

그것이 무엇이든 상관없다. 물론 딱 정했다고 해서 회사를 때려치고 곧바로 시작하라는 말이 아니다.

일단 정한 분야를 가지고 진지하게 공부를 해보는 것이다. 그 아이템에 대해서 정확하게 공부를 하고 알아본다. 본인 스스로 시작해서 공부를 하고 부족하면 학원을 다녀보는 것도 좋은 일이다. 예를 들어 부동산에 대해서 관심이 많다고 하면 우선 부동산에 대한 책과 뉴스 등에 대해서 모두 찾아서 읽어보는 것이다. 한 분야에서 프로가 되기 위해서는 최소한 그 분야의 책 100권을 읽어 보라고 한다. 그 분야도 제대로 모르면서 어떻게 뛰어드냐는 것이다.

물론 100권의 책을 다 읽어보면 좋지만 직장생활을 하는 우리가 100권까지 읽기에는 경제적이나 시간적으로 부족한 부분이 많이 있다.

따라서 인터넷이나 학원 등을 통해서 부족한 정보를 공부하고 알아보는 것이다. 그리고 가장 중요한건 그 분야의 대가 및 가장 뛰어난 사람을 벤치마킹하는 것이다.

주식투자를 할 때 본인이 가장 잘 아는 분야에 투자하라고 한다. 마찬가지인 것이다. 내가 잘 모르는데 주변에서 어떠한 아이템이 잘 나간다고 하여 그것을 따라하는 것은 절대 아닌 것이다.

본인이 그 지역에 대해서 정말 잘 알고 어떠한 분야의 아이템이 있으면 좋겠다고 생각이 드는 바로 그것이 중요하다.

주변에 보면 조그만 가게나 프렌차이점을 개업해서 소위 대박을 치는 친구들이 있다. 그 친구들을 유심히 보면 많이 알려지지 않았지만 같은 분야를 계속적으로 진행하는 것이다.

예를 들어 술집, 과일주스, 고양이 카페 등을 들 수 있다. 그들은 시작은 작고 아담한 가게로 시작했지만 그 시작에 앞서 엄청난 공부와 현장 조사 그리고 자기가 가장 잘 아는 동네에서 시작을 했다는 점이다.

친구인 우리가 일반적인 시선으로 보더라도 잘 될 것 같지 않은 아이템들인데 항상 문전성시를 이루고 있는 것이다. 그들은 그들만의 노하우로 그러한 사업을 계속 번창해 가고 있는 것이다.

• **자본금**

가장 중요한 내용이다. 자신의 아이템을 충분히 사업으로 전환할 수 있는 자본금을 충당할 수 있느냐를 확인해 봐야 한다. 본인이 모아서 가지고 있는 목돈이나 은행의 대출도 나쁘지 않다. 현재 금리는 너무나 싸서 아무 이유없이 돈을 빌리고 싶기도 하다.

여기서 중요한 점은 자본금을 너무 많이 잡지는 말라는 것이다. 이 자본금은 내가 처음 시작하는 테스트를 할 수 있는 만큼 그리고 내가 이 아이템에 대해서 실패를 해도 커버할 수 있는 만큼이 되어야 한다는 것이다.

물론 너무나 좋은 아이템과 100% 확실하게 성공을 감지했다고 하면 시작해도 되겠지만 큰 무리는 하지 않는 것이 좋다.

처음에는 너무 크지는 않게 테스트한다는 심정으로 시작한다. 본인이 혼자 하기 부담이 되면 같은 생각을 가진 지인과 공동으로 투자를 해도 좋다. 하지만 공동투자는 대부분 좋은 결과는 나오지 않는다고 한다.

좋은 아이템이라고 생각이 들면 요즘에는 국가나 기업에서 벤처기업이나 스타트업 회사에게 투자를 해주는 시스템도 있으니 조금만 관심을 가지고 찾아보면 방법은 여러 가지가 나올 수 있다.

자본금은 크다고 좋은 것이 아니다. 본인의 총 자산의 30%정도 내외에서 투자하는 것이 가장 좋다.

• **상권 및 시장**

내가 시작하려는 아이템이 과연 시장에서 효과가 있을지 없을지를 분석하는 것이 가장 현명하다. 여기서 분석이라 함은 책상에 앉아서 인터넷과 책을 보면서 하는 분석이 아니라 두 발로 뛰라는 것이다.

상권을 파악하기 위해서는 본인이 직접 부딪혀 봐야한다. 걸어 다니고 알아보고 조사하고 다시 물어보고 해야 한다. 지속적으로 시간이 날 때마다 파악하고 알아보고 돌아다녀봐야 한다.

과연 이 상권에서 성공을 할 수 있는지 주변의 다른 상황은 어떠한지 그리고 우리나라의 전체적인 시장의 흐름은 어떠한지 다각적으로 분석하고 알아본다.

물론 본인의 감도 정말 중요하다. 본인이 한 지역의 토박이라면 무엇이 필요한지를 무의식적으로라도 감을 잡을 수 있기 때문이다.

그래도 중요한 것은 감보다도 정확한 데이터와 분석이다.

•전문가 조언

그 분야에서 성공하고 잘나가는 사람들이 있을 것이다. 그 사람들을 찾아가서 물어본다.

인맥이나 학연 지연이 없다고 포기하지 마라. 자신의 아이템에 대해 확신이 있고 자신의 자본금이 들어가는데 알아보지도 않고 진행할 수는 없다.

정말 대단한 사람이라면 그 분을 잘 아시는 분들을 만날 수 있는 방법을 찾아보거나 아니면 그분들이 운영하는 싸이트나 가게 등에 직접 가보는 것이다. 우리나라는 보기보다 작다. 두 다리 정도만 건너면 쉽게 아는 사람을 만날 수가 있다.

그 사람들을 통해서 어떻게 해서든지 만나서 이야기를 들어보라. 잠깐 15분 정도 커피한잔만 하면서 그분의 의견을 물어보거나 조언을 구해보는 것이다. 그러한 노력 없이 본인의 사업을 하려고 하는 것은 심하게 말해 복권을 사서 당첨되기를 기다리는 것과 같은 것이다.

저자의 주변에서 투잡이나 사업으로 성공을 하고 있는 지인들에 대해서 알아보았다. 특별한 분야는 아니지만 그래도 나름 잘하고 있는 친구들의 이야기가 조금은 도움이 되었으면 좋겠다.

1. 쇼핑몰

지인 B는 온라인 디자인쪽 회사를 다니다가 음악(rock)을 하는 남편을 만나서 남편이 하는 음악 관련 패션에 관련된 싸이트를 열었다. 그러다 회사를 때려치고 쇼핑몰에 집중을 하고 있다.

현재는 홍대 쪽에 오프라인몰과 함께 쇼핑몰을 동시에 운영하고 있으며 슬하에 2명의 귀여운 아들까지 키우고 있다.

처음에 쇼핑몰을 시작할 때는 정말 바쁘고 힘들고 어려웠다고 하였지만 워낙 남편과 본인의 안목이 뛰어나 좋은 옷과 악세사리 등을 가져와 본인들의 브랜드로 런칭하여 사업을 하고 있다.

2. 피시방

지인 Y는 회사를 다니면서 4년간 공부를 하여 공기업 취업에 성공하였다. 그 끈기로 회사를 열심히 다닐 줄 알았으나, 나름 투잡을 준비를 하고 있었다.

자신이 어릴 적부터 살던 암사동쪽에 피시방을 열었던 것이다. 피시방이 블루오션은 아니지만 본인의 지역을 잘 알고 분석하여 투자를 한 것이다. 물론 너무 잘되고 있다.

3. 카페

외대 앞에 조그마한 지하공간에 동굴식 술집을 운영을 한다. 그녀는 직원을 쓰고 본인은 자유로운 삶을 즐기며 살아간다. 분석결과 지하라고는 안 느껴 질 정도의 깔끔한 내부 인테리어와 학생들이 좋아할 만한 안주와 함께 주인의 따스한 마음씨가 이 가게의 가장 잘되는 포인트라고 생각이 든다.

이 지인은 현재 이 가게를 고양이 카페로 변화시켰다. 본인이 항상 사랑하는 동물들을 같이 돌보면서 카페를 운영하는 것이다. 더불어 이대쪽 상권에 새로운 주스 가게를 같이 시작하였다. 정말 조그마한 테이크아웃 가게인데도 불구하고 사람들이 줄을 서서 먹고 갈 정도이다.

너무 힘들어 쪽지로 30분 휴식한다고 붙여놓으면 시작하는 시간에 맞춰 길게 줄을 선 손님들이 문자로 빨리 오라고 난리이다.

대학 앞에서 가게를 하면서 젊은층들이 원하고 필요로 하는 아이템을 잡아서 가장 우리나라에서 번화가라 불리는 이대 앞에서 불티날 정도로 장사를 하고 있다.

4. 홈페이지 제작

후배 B의 경우 그는 프로그래머이다. 기본적으로 머리가 좋고 영리하여 학창시절부터 열심히 공부를 하였다. 언제부터인지 주변에서 홈페이지 제작을 도와달라고 요청이 왔고 그는 조금씩 조금씩 지인들을 도와주다가 소문이 나기 시작하고 현재는 부업으로 홈페이지 제작을 해주고 있다. 물론 본인의 시간이 많이 빼앗기고 있지만 수입은 본인의 연봉의 50%정도를 차지한다고 하니 절대 무시할만한 사항은 아닌 것 같다.

5. 사진작가

저자가 한참 온라인 싸x월드에 빠져 있을 때 사진에 대해서 배워보려고 가입한 클럽이 있었다. 거기서 만난 후배 C군의 경우 카메라에 점점 빠지더니 결국에는 디자인 회사로 취업을 하여 전문 작가로 옷이나 모델 등에 대해서 촬영을 하고 있다. 그는 싱글이라는 가장 좋은 장점을 이용하여 주말에는 결혼식, 돌잔치, 환갑잔치 등 행사에 참석하여 사진을 찍어주고 있다. 더불어 그의 인맥을 동원하여 찍은 사진 편집부터 앨범 제작까지 모두 진행을 하여 고객에게 업체에 맡기는 것보다도 좋은 퀄리티와 싼 가격으로 승부를 하고 있다. 최근에는 스튜디오까지 열어서 본인의 이름으로 진행하고 있다.

주말에 이 후배를 만나기는 하늘의 별따기이다.

6. 부동산투자

은행권에서 근무를 하면서 벌써 공장형 오피스텔과 빌라 그리고 일반 오피스텔 등 꾸준하게 투자를 하고 있는 선배가 있다.

이 선배는 본인의 주업인 은행업무를 잘 알기 때문에 레버리지 효과를 잘 이용해 경매 및 급매 등을 진행하면서 꾸준하게 일정한 월세수익을 얻고 있다.

더불어 주말에는 직접 발품을 팔며 추가로 투자할 곳을 찾으러 돌아다니고 있다. 이러한 열정으로 작게는 월 10만원에서부터 50만원까지 순이익이 나고 있다. 회사를 다니면서도 충분히 자신이 공부하고 발품을 팔아 어느 정도 꾸준한 월세소득을 마련한 것이다.

이러한 사람들은 자신의 생각과 의지를 바탕으로 하여 투자를 하고 진행한 경우도 있지만 자신이 현재 회사에서 하는 일과 비슷한 전문가의 스킬로 부업을 하는 경우도 있고, 상권을 너무 잘 알고 있기 때문에 어떠한 아이템을 진행해야 할 지 바로 알고 시작하는 경우도 있다. 물론 오프라인이 아닌 온라인으로도 사업을 하는 경우도 있다.

전업이 아닌 부업으로 하기도 하며, 부업으로 하다가 아예 전업으로 바꾸는 경우도 있는 것이다.

이러한 사례들은 그들이 노력하고 찾아보고 공부한 결과물인 것이다. 일단 공부하자. 그리고 찾아보고 알아보자. 회사생활은 더욱 열심히 하고 나의 미래도 같이 준비를 하는 것이다.

언젠가는 우리도 회사를 취미로 다니는 그날이 올 수 있을 것이다.

제2장
건강관리

아프면 아무런 희망이 없다

하루 15분 108배의 효과

"나이가 몇인데 뱃살이 이렇게 많나? 혈색도 안 좋아 보이네, 어디 아픈 거 아니니?"

어느 날 지나가시던 이사님께서 이렇게 말씀하셨다.

사회생활을 하면서 가장 큰 고민은 살이 찌기 시작한 것이다.

주 업무가 영업이다 보니 고객과 회식자리도 많아지고 회사 직원들과 어울리다보니 술자리도 많았다. 우선 나의 신체는 태음인 체질을 가지다 보니 조금만 먹어도 쉽게 살이 불고 항상 관리를 해야 했었다.

그러한 고민을 조금이나마 덜어보고자 여름휴가를 설악산에 있는 백담사의 템플스테이를 신청하였다. 거기서 만난 것이 바로 108배였다.

스님말씀으로 108배는 종교의 의미를 떠나서 심신을 단련하는데 최고의 운동이며 특별한 장비나 장소 등 준비없이 누구나 할 수 있는 것이라고 하였다. 합장, 무릎꿇기, 엎드리기, 상체일으키기, 일어서기 정말 단순해 보였지만 처음에는 너무 힘들었다. 내가 단순히 본 108배는 단순하였지만 제대로 하려면 정확한 호흡과 자세가 필요로 하기 때문이다.

제대로 배우고 공부하고자 책도 읽어보고 sbs의 생로병사라는 프로그램에서 진행했던 108배가 가장 나에게는 와 닿았으며, 그중 청견스님이 진행하는 108배는 나에게 있어 너무 크게 다가왔었다. 물론 108배라는 것은 불교에서 행하는 것이지만 현재는 많은 사람들이 건강운동으로 진행을 하면서 종교의 의미를 떠나서 남녀노소 심지어 치료의 효과가 있는 운동으로 알려졌다.

이제 누구나 할 수 있는 절의 효과와 제대로 하는 방법에 대해서 알아보도록 하자.

108배 제대로 하는 방법

불교에서는 자신을 내려놓는 의미로 발, 무릎, 손, 이마 등을 바닥에 가져다 놓고 손을 드는 행위를 말한다. 하지만 일반적인 운동으로서의 108배는 조금 큰 동작을 행함으로서 효과를 증폭시키는 역할을 한다. 즉, 손, 발, 팔, 다리, 몸통, 배, 머리 등을 모두 쓰는 전신운동인 것이다.

절에 앞서 중요한 두 가지는 호흡과 자세이다.

호흡은 복식호흡을 기본으로 한다. 대부분의 사람들이 복식호흡은 잘 알지만 어떻게 해야 할지를 모르는 경우가 있다. 복식호흡은 쉽게 설명하면 단전(아랫배)을 향해 호흡을 한다고 생각하면 된다.

들숨과 날숨 두 가지로 나뉘며 들숨의 경우에는 코를 통해 천천히 들이마시며 횡경막이 밑으로, 즉 숨이 아랫배로 내려가는 느낌으로 하면 된다. 일부러 배를 불린다는 느낌이 좀 더 쉬울 것이다. 천천히 3~4초간 들이마시기까지가 들숨이다. 들숨으로 들이마신 공기는 1초정도 멈춘 후에 날숨으로 밖으로 배출한다. 날숨은 입을 약간 벌린 상태에서 혀를 입천장에 가볍게 되고 들숨에서 들이마신 속도와 동일하게 천천히 내뱉는다. 여기까지가 한 호흡이다.

물론 들숨으로 마실 때 오래 숨을 마셔도 되지만 108배를 할 때의 경우에는 2~3초가 적당하다. 처음에는 호흡법을 익히는데 어색하지만 실제로 절을 하면서 하는 경우에는 쉽게 적응을 할 수가 있다.

자세의 경우에는 총 7가지의 순서로 진행한다. 그에 앞서 무릎이 바닥에 닿는 부분에는 방석이다 좌구를 마련해서 무릎을 보호한다.

1. 먼저 두 손을 가슴 앞에 모은다. 팔은 겨드랑에서 약간 떨어진 상태가 좋으며 발은 어깨넓이로 벌리는 자세를 취한다.
2. 양팔을 바닥으로 쭉 내린 다음 그대로 등 뒤로 힘차게 회전하여 머리위로 손바닥이 정면을 향하도록 올린다. 이때 팔이 귀에 닿아

야 한다.

3. 회전한 팔을 그대로 발쪽으로 내리며 허리를 굽힌다. 두 다리와 무릎은 곧게 펴는 것이 좋으며 손끝은 바닥에 최대한 닿도록 노력한다.
4. 엉덩이를 발뒤꿈치에 붙이고 고개를 숙이며 손을 앞으로 내밀어 바닥을 짚는다. 이때 발가락에 힘을 주어 버티며 발뒤꿈치는 엉덩이와 최대한 닿도록 한다.
5. 발가락이 바닥에서 꺾인 채로 그대로 이마에 살짝 닿도록 절을 2초 정도 한다. 발가락은 바닥에 붙은 상태로 발꿈치는 90도로 세워야 한다. 이때 양발은 자연스럽게 벌어진다.
6. 손에 힘을 주어 바닥을 밀어내며 몸을 일으키며 상체를 일으키면서 무릎을 피는 것이 무리가 가지 않는다.
7. 일어서면서 다시 가슴 앞에 손을 모은다.

여기서 주의할 점은 처음 자세에서 절을 하기 직전까지 들숨으로 진행하고 이마가 바닥에 닿을 동안은 숨을 잠시 참은 뒤 다시 일어설 때까지는 날숨으로 진행하는 것이다. 호흡법이 안 맞으면 절을 하는데 있어서 너무나 힘들기 때문에 항상 호흡법에 집중하면서 연습을 하는 것이 좋다. 절 한 번에 한 호흡이라고 생각하면 된다.

이러한 방법으로 절을 하기 때문에 의도하지 않지만 절 자체가 유산소 운동이 되는 것이다. 더불어 신체의 혈액순환이 잘 이뤄지도록 도와

주게 된다.

  108배를 꾸준히 하게 되면 총 15분 정도 시간이 소요되며 저자의 경우에는 처음에 시작할 때는 40분이 걸렸으나 현재는 15분에 108배를 마무리 할 수 있게 되었다.

  108배를 할 때는 조용한 공간에서 하는 것이 좋고 차가운 바람이 들어오지 못하게 창문을 닫고 하는 것이 좋다고 한다. 몸의 기운이 전신을 도는 운동이기 때문에 운동 후에도 곧바로 샤워나 찬공기를 대하지 말고 한 5분정도 그 자리에 앉아서 복식호흡을 하면서 명상을 하면 몸의 따뜻한 기운이 전신으로 퍼져 나갈 수가 있다. 그렇기 때문에 저녁보다는 아침에 하는 것이 하루의 시작을 상쾌하게 할 수 있는 좋은 방법이 된다.

108배를 통한 정신의 변화

  '나를 낮추고 상대의 행복을 빌면서 하는 것이 절입니다. 우리 육체 중에서 값으로 따져 가장 가치 있고 중요한 부분이 머리입니다. 머리는 보물 창고이지요. 이 머리의 상단이 이마입니다. 이 소중한 이마를 사람들이 밟고 다니는 마룻바닥이나 땅에 대는 것이 절입니다.'

_혜인스님 나를 깨우는 108배 중에서

'이마를 땅에 대고 가장 낮은 자세로 자신을 낮추는 가운데 저절로 교만하고 사나운 마음이 사라지고 그 대신 겸손하고 너그러운 마음이 생기는 것이다'

_하루 108배, 내몸을 살리는 10분의 기적 중에서

호흡법에 집중하여 15분가량 절을 하는 동안은 아무런 잡생각이 들지가 않는다. 즉, 무의식 상태가 된다. 처음에 108배를 하는 동안은 계속 숫자에 집착을 하게 되어 힘들었지만 저자의 경우 108배 염주를 구해서 절을 할 때마다 하나씩 옆으로 돌려 한 바퀴가 돌때까지 하였다. 나중에는 염주도 필요가 없어지고 시간을 통해서 15분 정도 후에는 마치는 것으로 하거나 생각없이 숫자만 셀 수 있게 되었다.

절을 하면서 여려 사람들이 이야기하는 것이 있다. 나 자신을 낮추는 것이다. 나 자신의 가장 높은 이마가 바닥에 닿으면서 나도 모르게 나를 낮추는 의식이 자리를 잡고 그에 따라 행동이나 말투까지도 변하게 된다. 108배를 꾸준히 하는 사람들 중에는 다혈질과 차갑게 말하는 사람들이 차츰 따뜻하고 온화하게 변화는 경우가 있다고 한다. 물론 이는 108배만의 효과는 아닐지라도 분명한 영향은 있다.

절을 하면서 호흡을 지키고 아무 생각없이 몸을 움직이며 이마를 바닥에 대고 일어서는 전신의 움직임에 따라 몸속의 혈액이 빠른 속도로 순환이 된다. 혈액순환은 우리의 뇌속에도 많은 수의 혈액이 산소를 뇌에 공급해 주고 그에 따라 뇌도 더욱 건강해지기 때문에 평소보다도 깊은 생각과 의식의 변화를 할 수 있다고 생각한다.

이 모든 것들이 정신을 좀 더 강히고 건강하게 해주는 것이다.

보통 운동이라고 하면 특정한 장소 그리고 시간의 제약이 따르지만 우선 108배는 언제 어디서나 시공간의 제약없이 누구나 1평의 자리만 있으면 방석을 깔고 할 수 있는 최고의 저강도 유산소 운동이다.

심지어 출장이 잦은 저자의 경우에도 호텔이나 출장지에서도 할 수 있는 운동으로서는 최고이다.

> '1시간 동안 절을 하였을 때에 에너지 소비량은 518킬로칼로리였다. 한편 1시간 동안 쉬지 않고 운동을 할 경우, 걷기 240칼로리, 등산 600칼로리, 달리기 720칼로리, 미용체조 300칼로리, 배드민턴 360칼로리, 수영 600칼로리, 에어로빅 360칼로리, 자전거 240칼로리, 축구 540칼로리, 테니스 420칼로리, 탁구 240칼로리로 나타났다.'
>
> _하루 108배, 내몸을 살리는 10분의 기적 중에서

108배를 혼자서 하려고 하면 처음에는 누구나 힘들다. 더불어 책으로 배우는 것도 한계가 있다. 저자의 경우에는 절에 가서 직접 시범을 보고 배웠기에 쉬웠지만 일반인의 경우 처음 접하기는 어려울 수 있다. 하지만 청견스님의 108배를 인터넷상에 검색해 보거나 'SBS 스페셜

- 0.2평의 기적'이라는 프로그램을 찾아보면 좀 더 이해가 쉽게 가고 배울 수 있다.

직장인들이 항상 부족해하는 것이 잠이 아니라 운동이라고 생각한다. 기본적으로 책상에만 앉아있는 사람들의 경우에는 일주일에 3회 이상 30분씩 운동을 해야만 최소한의 건강을 유지할 수 있다고 한다.

자신의 일상을 한번 되돌아보자. 일주일에 3회가 아니라 1회라도 등에 땀이 나는 운동을 하고 있는가? 만약 그렇지 않은 사람들이라면 헬스장이나 수영장을 가는 번거로움 대신에 집에서 1평안에서 할 수 있는 108배를 한번 시작해 보는 것이 전신운동 및 정신운동에도 좋은 효과가 있을 것이다.

무엇을 먹어야 하나

"건강은 행복의 어머니이다."

_프란시스 톰슨

"오늘 점심은 무엇을 먹을까?" 오늘 또 상사는 나에게 이렇게 물어본다.

솔직히 밖에서 사먹는 음식이 거기서 거기고 나 또한 메뉴를 고르는 것이 점점 귀찮아지고 발길 닿는 대로 식당을 들어가고는 한다.

그런데 진지하게 생각을 해보자. 일주일에 몇 끼니를 밖에서 먹고 얼마나 집에서 식사를 하는지를 그리고 어떠한 영양소를 섭취하고 있는지. 30대의 직장인의 경우 많은 업무와 스트레스로 그리고 만성 피로가 시작이 된다. 대부분 아침은 간단하게 하거나 건너뛰고 점심은 식당에서 해결을 하고 저녁의 경우는 야근 또는 회식으로 또 식당을 찾는 경우가 집에서 먹는 것보다는 많을 것이다. 제대로 몸이 필요로 하는 영양소를 섭취를 할 수 있을까 라는 생각이 든다.

소위 우리가 말하는 건강한 식단, 즉 집밥을 먹는 경우는 많지 않다는 것이고, 그 말은 식당에서 끼니를 해결한다는 것이다. 그렇기 때문에 식당 선정이나 메뉴를 고를 때 좀 더 생각을 하면서 골라야 하며 어떠한 음식이나 영양소를 섭취를 해야 하는지도 고민을 해야 조금이라도 우리의 건강을 찾을 수가 있다는 것이다.

옛날에는 밥이 보약이라는 말이 있다. 그 밥은 신선한 야채와 채소 등으로 이루어진 영양소가 가득한 진정한 건강식이였기 때문에 가능하였다.

하지만 지금은 우리가 무의식적으로 사먹는 음식과 제품들이 우리 몸에 어떠한 영향을 주고 있는지 그리고 무엇을 먹어야 하는지에 대해서 좀 더 진지하게 생각해보고 공부를 하면서 음식을 섭취해도 좋은 영양소를 섭취하기는 쉽지 않다. 사회생활을 하면서 가능하면 좋은 음식을 섭취하고 먹기 위해서는 일단 우리 자신부터 어떠한 것을 먹어야 하는지 그리고 먹지 말아야 하는지에 대해서 진지하게 알아봐야 한다.

음식의 선택
많은 음식의 종류가 있다. 한국 사람들의 경우 그래도 아직까지는 한식을 선호하는 편이다. 물론 저자도 그렇고 주변 직원들도 대부분 점심에는 한식으로 진행한다. 더불어 찌게나 볶음류 그리고 비빔류 등 정말 우리의 구미를 당기게 하는 음식들을 쉽게 어디서나 저렴한 가격에 사먹을 수 있기 때문이다.

요즘은 다이어트에 관심이 많고 몸매 관리를 하는 분들이 많아 조금만 관심을 가지면 한식에 대한 정보를 쉽게 알 수 있다. 하지만 매번 검색을 하고 밥을 먹기에는 힘들기 때문에 규칙을 가지고 선택을 하면 된다. 간단한 세 가지 규칙을 가지고 식단을 고르는 방법을 제시한다.

하나, 신선한 음식이다.

당연한 말이겠지만 식당을 선택할 때 신선한 재료가 나오는 식당을 선택해야 한다. 재료 자체가 신선하지 않으면 음식의 맛을 화학조미료로 낼 수밖에 없다. 자주 가는 식당의 재료의 신선도를 식사를 하면서 체크를 하는 습관을 가진다. 가장 쉬운 방법으로는 비빔밥을 시켜보면 된다. 비빔밥의 경우 익혀서 대쳐서 나오는 경우도 있지만 야채가 그대로 살아있는 경우가 있다. 비빔밥 안에 들어있는 재료가 그렇게 신선해 보이지 않는다면 끓이거나 섞는 다른 메뉴들은 더 심하다는 말이다. 자주 가는 식당이라면 한번쯤은 확인을 해보는 것도 좋은 방법이다.

둘, 덜 자극적인 음식이다.

경기가 어려울수록 맵거나 자극적인 음식이 잘 팔린다고 한다. 하지만 말 그대로 사람들의 입맛에 자극을 주기 위해서는 순수 천연재료를 사용하여 맛을 내기에는 한계가 있다. 어쩔 수 없이 일반 식단과는 다르게 더 많은 화학조미료 및 양념들이 들어간다. 이 음식들이 우리의 몸속에 들어간다고 해서 스트레스가 풀리거나 기분이 좋아지는 건 입에 있는 그 순간뿐이다. 식도를 통해 위속으로 들어가면서부터 몸을 자극하기 시작하여 변으로 배출될 때까지 사람을 괴롭힌다. 가능하면 조금이라도 심심한 음식을 섭취하는 것이 좋다. 저자도 어린시절 한동은 매운 음식에 심취해서 매운 떡볶이, 족발, 닭발, 오돌뼈 등 땀을 흘리면서 여러 주류와 함께 즐긴 적이 있다. 먹을 때만 좋다. 먹은 후에는 그 다음날까지 몸의 상태가 좋지 않으며 심지어 얼굴에까지 염증 등의 부작용이 나오기도 했다.

셋, 다섯 가지 색깔의 식물영양소를 섭취한다.

우리가 쉽게 접할 수 있는 음식들 중에서 5가지 색깔의 식물영양소를 골고루 선택한다. Red/Green/Yellow/Black/White로 크게 분류를 할 수 있으며 중요한 식물들은 하기와 같다.

- Red : 토마토, 딸기, 석류, 수박, 자두, 대추, 오미자, 팥 =〉 *심혈관계의 건강*
- Green : 쑥, 브로컬리, 시금치, 키위, 녹차, 셀러리 =〉 *간의 건강 및 신진대사 증진, 피로회복*

- Yellow : 당근, 귤, 오렌지, 자몽, 유자, 살구, 옥수수, 밤, 호박 =〉 면역력 강화 및 배변활동 원활
- Black : 흑미, 검은콩, 검은깨, 오징어 먹물, 미역, 김, 다시마 =〉 노화방지 및 면역력 강화
- white : 마늘, 양파, 연근, 감자, 무 =〉 *바이러스 저항력*

이 다섯 가지 색깔의 식물영양소를 최대한 골고루 섭취할 수 있도록 노력하고 메뉴를 선정할 때 잊지 않는다.

비타민과 무기질

음식으로 섭취할 수 있는 영양소는 한계가 있다. 더군다나 다이어트나 몸매 관리로 인해 점점 음식의 양이 줄고 있기에 그에 따른 영양소 섭취가 줄고 있다.

현재 먹는 채소와 과일 등의 경우 각종 공해로 인해서 50년 전의 영양소 대비 50%이상 감소하였기 때문에 우리는 그에 따른 양을 늘리던지 아니면 다른 방법으로 영양소를 섭취를 해야 한다.

30대가 되면서 아니 그 전이라도 건강에 관심이 있는 사람들의 경우에는 비타민 또는 무기질의 건강보조제를 찾아서 드시는 분들이 많이 있다. 하지만 그런 분들이 꾸준히 섭취를 하는 경우는 많이 보지 못하였다.

대부분 어느 정도 먹다가 냉장고 속으로 들어가던지 책상안의 한 구

석에 방치가 되는 경우가 있다. 왜 그런지 생각을 해보면 몸에 효과가 크지 않았기에 본인이 섭취할 필요성을 느끼지 못했기 때문이다.

저자의 경우 여러 가지 비타민과 건강보조제를 먹어보고 심지어 비타민 요법 및 해독프로그램 등도 진행을 해보았다. 그 결과 여러 가지 좋은 점과 아쉬운 점에 대해서 알 수 있었으며 우리가 어떠한 영양소를 추가로 섭취하였을 때 몸에 좀 더 좋은 변화가 오고 효과가 있었는지에 대해서 알 수 있었다.

비타민의 경우 정말로 많은 수의 제품들이 나와 있다. 국내 브랜드부터 시작해서 해외에서 수입이 되는 비타민까지 정말 쉽게 구할 수 있다. 그러나 우리가 먹는 비타민의 원료가 무엇인지 그리고 어떻게 만들어 졌는지 생각을 하면서 섭취를 해본 적이 있냐고 물어보았을 때 대부분은 잘 알지를 못한다. 이는 비타민의 경우 뿐만 아니라 모든 가공된 식품에서도 똑같이 나타나는 현상이다.

우선 본인이 선택한 비타민의 원료를 파악해보아야 한다. 대부분 시중에서 구매할 수 있는 합성 비타민의 경우에는 원유를 정제하는 과정에서 부산물로 얻어지는 화합물을 원료로 천연에 성분과 동일한 분자구조인 화학적 합성을 통해 만든다. 천연에 비해서 부작용이나 효능이 떨어질 수도 있다. 물론 나쁘다는 말이 아니다. 안 먹는 것보다는 좋을 수도 있다. 하지만 실제적으로 섭취를 하는 우리들의 경우에는 제대로 알지 못하고 섭취하는 경우가 있다. 저자의 경험으로는 되도록이면 비싸지만 천연 비타민을 섭취하라고 권하고 싶다. 천연 비타민에도 물론 화학물이 약간은 첨가가 되지만 원료 자체가 천연제품을 기본으로 하기 때문에 우리 몸에서 받아들일 때는 무작용이나 효능은 더욱 좋기 때문이다.

가장 쉽게 천연 비타민인지 아닌지에 대해서 알아 볼 수 있는 방법 및 테스트가 있다. 직접 비타민을 태워 보는 것이다. 천연 비타민의 경우에는 나무나 풀이 타는 냄새가 나지만 완전한 화학 비타민의 경우에는 플라스틱이나 고무 타는 냄새를 맡을 수가 있다. 물론 천연 비타민도 그러한 플라트틱이 타는 냄새가 날 수도 있지만 저자가 해본 경험상 나무 타는 냄새가 나는 것이 대부분이었다.

자, 그렇다면 어떠한 비타민과 영양소를 섭취하는 것이 좋을지 판단을 해야 한다. 가능한 많은 수의 비타민을 섭취를 하는 것이 몸에는 좋겠지만 우리의 경제적인 상황과 지갑 사정을 고려하여 두 가지 종합비타민과 비타민C를 저자는 추천한다.

종합비타민의 경우, 우리 몸이 필요로 하는 비타민을 음식으로만 섭취하기에는 한계가 있기에 섭취해야 한다. 종합비타민의 경우에는 성인이 필요한 1일 영양소 기준치에 준하는 많은 수의 비타민과 무기질이 들어있다. 식사로 섭취하는 음식과 더불어 비타민으로 영양소를 도와주게 되면 몸은 그에 알맞게 반응을 한다. 좋은 비타민을 꾸준하게 섭취를 하게 되면 평소에 지쳐 있는 몸이 틀려지게 되고 소위 말하는 활력이 넘치게 된다. 우리 몸이 필요한 영양소를 충분히 받기 때문이다. 비타민의 효과는 섭취를 하던 중에 멈추면 바로 나타난다.

꾸준히 섭취를 하다가 여행이나 구매를 미리 안 해 놓아서 단기간 못하게 되면 몸이 갑자기 무거워지거나 쉽게 지쳐가는 것을 느낄 수가 있다. 인간이 하루에 필요한 기본 비타민의 양이 있다. 더불어 몸에서 생성이 안 되는 영양소의 경우에는 음식을 통해 섭취를 해야만 한다. 비타민이나 무기질이 왜 필요한지에 대해서는 전문가들의 책이 많이 있기 때문에 따로 언급은 하지 않도록 하겠다.

비타민C의 경우에는 사람과 원숭이를 비롯한 영장류와 기니피그 등을 제외한 대부분의 동물들은 비타민C를 체내에서 만들어낸다고 한다. 비타민C의 경우에는 인간의 경우 외부로부터 섭취를 해야 하는데 각종 공해로 인해서 자연물로부터의 섭취는 줄어들고 있다. 비타민C는 간단하게 말해서 우리 몸속의 바이러스 침투를 막아주고 노화와 질병을 막아주는 강력한 항산화제이다. 사람을 구성하는 세포 속에 미토콘드리아가 에너지를 우리에게 공급을 해주면서 나오는 것이 활성산소이고 이것을 막아주는 것이 비타민C인 것이다. 저자의 경우에는 비타민C의 경우 저녁에 잠자기 직전에 2000mg 정도 섭취를 한다. 자면서 몸속에 퍼져있는 항산화제를 잡아주기도 하고 비타민C를 섭취하고 일어나면 아침에 정말 개운하게 쉽게 일어날 수 있는 이유이기도 하다. 귤 1개에는

40mg의 비타민이 들어있다고 한다. 따라서 저자는 귤로 따지면 50개를 먹고 자는 것과 동일하다. 너무 많이 섭취하는 것이 아니냐고 생각하겠지만 비타민C의 경우에는 수용성 비타민이기도 하고 우리 몸에 전혀 부작용이 없기 때문에 저자의 경우에는 풍부하게 섭취를 한다.

가공식품, 식품첨가물

우리가 평소에 미팅을 하거나 출출할 때 자주 먹는 것이 바로 과자, 음료수이다. 그리고 마트에서 쉽게 살 수 있는 가공물 등이 있다.

저자도 눈앞에 그러한 과자나 음료수가 있으면 손이 먼저 가는 것이 당연시 되었고 햄이나 가공물들에 대해서 언제든지 사서 끼니를 해결하고는 했다. 하지만 실제적으로 그 제품들 안에 들어가 있는 성분을 보고 먹어본 적은 거의 없다.

자신이 먹는 가공식품 속에 들어가 있는 것이 무엇인지 꼼꼼히 확인을 해 본 적이 있는가? 그들이 어떻게 만들어지고 어떠한 재료로 만들어 지는지를 알게 된다면 손이 가는 것을 먼저 머리가 막을 수가 있을 것이다.

우리나라뿐만 아니라 전 세계적으로 이러한 가공식품이나 식품첨가물로 인해 점점 많은 환경호르몬에 노출이 되고 어른 아이 할 것 없이 점점 길들여지는 것이 가장 큰 문제이다.

대부분의 식품첨가물들은 실제 원재료는 거의 1% 미만으로 들어가고 그 재료의 향과 맛을 강조하기 위해서 화학물질을 사용하여 만들게 된다. 우리의 코와 혀를 먼저 지배하는 것이다. 특히 식품에 들어가는 첨가물의 경우에는 음식을 빨리 맛있게 하기 위해 만들어진 화학물질인 것이다.

우리나라에서 식품첨가물로 허가되어 있는 화학물질은 400가지가 넘는다고 한다. 더불어 향료 기초물질은 1800가지가 또 있다고 한다.

예를 들어 저자가 정말 좋아하는 음식 중에 하나가 단무지이다. 그런데 이 단무지 원료를 보면 무첨가 단무지는 5가지(말린무, 쌀겨, 식염, 전갱이말림, 다시마, 설탕)이 들어가는데 비해 일반 단무지는(일반무, 식염, 밀기울, 글루민산나트륨, 글리신, 젖산, 폴리인산나트륨, 이성화당, 시카린나트륨, 감초, 스테비아, 구아검, 명반, 소르빈산칼륨, 식용색호확색4,5,6호) 등이 들어간다. 물론 업체마다 틀리다.

단무지만 그럴까? 젓갈, 간장, 고추장, 라면, 햄 등 정말로 많은 음식의 재료들에 첨가물이 가득 들어 있다.

이 첨가물들이 어떤 것인가? 화학물질을 이용해서 사람들을 그 음식에 대한 자극을 높여주는 것들이다.

너무나 많은 화학물질과 가공식품을 나열하려면 끝이 없는 것을 알고 있다. 결국 우리 스스로가 제품들에 들어있는 첨가물이나 화학재료에 대해서 알고 공부하고 피해가야 하는 것이다.

너무나 많은 제품들에 대해서 일일이 공부하기는 힘들겠지만 가능한 무첨가 식품을 선택하고 섭취해야 한다. 가족들을 위해서라면 더욱 중요시해야 한다.

그렇다면 이러한 첨가물에 대해서는 어떻게 우리가 피해갈 수 있는 것인가?

"1. 표기내용을 꼼꼼히 읽고 구입하자 - 습관화시켜야

2. 가공도가 낮은 제품을 선택하자 - 첨가물을 피하려면 불편을 감수해야

3. 먹더라도 알고 먹자 - 1주일 단위로 생각

4. 가격으로 판단하지 말자 - 싼게 비지떡

5. 사소한 의문을 갖자 - 첨가물 이해의 첫 단추

식생활도 습관이다. 바꾸기 위해서는 생각을 먼저 바꿔야 한다. 조금만 달리 생각해 보면 식생활 개선도 그다지 어렵지 않다. 우선 가짜 식재료들을 부엌에서 몰아내자"

_인간이 만든 위대한 속임수 식품첨가물, 아베 쓰카사 저

우리가 생활하는데 있어 가장 중요하고 필요한 것이 바로 음식이다. 음식을 섭취하는데 있어서 무엇을 먹느냐는 가장 중요하다. 우리 몸은 우리가 먹는 것으로부터 만들어 지기 때문이다.

음식을 만들기 위해 재료를 고를 때 그리고 입으로 들어갈 때 진지하게 한 번의 고민을 해보는 것이 필요하다.

물론 일일이 음식을 따지고 먹기는 힘들고 어렵다. 하지만 머릿속에

이러한 생각을 가지고 있으면 조금이라도 좋은 음식을 섭취할 수 있다고 생각한다.
 좋은 음식은 건강을 만들어 주는 최고의 선택이다.

아침 관리

"당신이 새라면 아침에 일찍 일어나야 한다. 그래야 벌레를 잡아먹을 수 있을 테니까 하지만, 당신이 벌레라면 아주 늦게 일어나야 하겠지. 그래야 살 수 있을 테니까."

_쉘 실버스타인

하루의 시작은 아침이다.

아침을 어떻게 관리하느냐에 따라 하루의 관리 그리고 나의 인생관리가 만들어진다고 한다. 하지만 현실은 아침에 일어나기가 너무 힘들다. 평소보다 10분이라도 일찍 일어나면 하루 종일 몸이 뻐근하고 계속 하품이 난다. 더불어 제일 바쁜 시간이 아침시간인 것이다. 아침의 1분은 저녁의 10분보다 빨리 지나가기 때문이다.

우리가 아침 관리를 잘할 수 있는 방법과 나의 신체관리에 대해서 알아보도록 하자.

아침식사,

귀찮고 바쁘다는 이유로 아침식사를 거르는 사람들이 많다. 하지만 아침식사는 우리 몸에 있어서 하루의 시작의 에너지이자 하루를 버틸 수 있는 힘의 원천이 된다.

아침식사를 거르게 되면 뇌와 호르몬 그리고 몸의 온도에 영향을 미친다. 뇌는 포도당을 공급 받지 못하여 오전내 흥분상태를 유지하게 되어 생리적인 불안을 불러일으킨다. 더불어 식사시 대사활동을 촉진할 수 있는 호르몬이 분비가 안 되어 신체 리듬도 깨지게 된다. 식사를 한 사람과 그렇지 않은 사람의 신체 온도는 1도정도 차이가 난다.

수면 중에 우리의 몸에서 저녁에 먹은 음식들을 모두 소화하고 영양분을 소비한 후에 몸에는 에너지가 없는 상태에서 아침을 건너뛰면 결국 몸은 비어있는 상태로 계속 유지가 되는 것이다. 이는 몸을 피곤하게 만드는 일이며 그로인해 점점 더 의욕상실과 함께 피곤함을 호소하게 된다.

월요일 오전이 힘든 이유 또한 사람들이 월요일은 평소보다 조금 서두르다 아침을 거르는 경우가 많기 때문이다. 그럼으로써 몸은 더욱 피곤하게 느껴지고 정신적인 월요병이라는 것이 오게 되는 것이다. 물론 식사를 한다고 해서 월요일 날 기분이 확 좋아지는 것은 아니지만 평소와 다른 월요일을 맞이 할 수 있다.

오전 내내 굶다가 점심시간에 식사를 하게 되면 평소보다 많이 먹게 된다. 더군다나 대부분 점심은 식당에서 해결하기에 평소 식사량보다 많이 먹는지 아닌지를 제대로 판단할 수가 없기 때문이다. 급하게 많은 양을 먹게 되면 결국 소화가 잘 안 되고 점심식사 후에 피가 위운동에 쏠리게 되어 뇌는 몸을 졸리게 만든다.

요즘 기호식품인 커피 또한 비어있는 위장 속에 곧바로 들어가게 되면 위에 자극을 주게 된다. 회사에 출근하여 오전에 대부분의 미팅들이 있고 그 미팅시에 커피를 마신다고 생각하면 나의 위장은 음식을 받을 준비로 위산을 잔뜩 머금고 있다가 카페인이 들어오게 되면 힘들어할 수밖에 없다. 저자도 예전에 오전 3번, 오후 3번 이상 커피를 마시다가 오전에 마시는 양을 줄였다. 그 이유는 속이 쓰려서 이다.

그렇다. 아침식사의 중요성은 여러 곳에서 들을 수가 있다. 하지만 저자도 고등학교 시절부터 조금씩 아침을 거르기 시작하였고 10년 넘도록 아침식사를 하지 않는 것을 습관화되어 있었다.

이렇게 습관이 되어있는 사람들에게 곧바로 아침식사를 하라고 하면 이는 소화불량에 더부룩한 느낌에 정말 몸에서는 거부반응이 확실하게 들 수밖에 없다.

따라서 무조건적인 식사가 아닌 간단한 과일이나 주스 그리고 토스트 반쪽 등으로 시작하는 것이 가장 좋다. 저자도 마찬가지였지만 아침을 먹지 않는 분들은 회사에 출근 후에 제일먼저 커피나 음료를 찾거나 11시도 안 되어서 배고프다고 한다. 조금이라도 음식을 아침에 먹는 것이 가장 몸에는 좋은 것이다. 음식을 섭취하는 시간은 4~5시간 간격을 유지하는 것이 좋다고 하였다. 그래야만 위가 부담을 가지지 않고 소화도 잘될 수 있다고 한다.

물론 몸에도 낮에 활동할 꾸준한 영양분을 주는 것은 당연한 것이다. 저녁 식사 후 다음날 점심까지 12시간 이상 몸에 에너지를 공급하지 않는다고 생각하면 우리 몸이 당연히 힘들어 하지 않을까?

7시 아침 -> 12시 점심 -> 4시 간식 -> 8시 저녁(소량섭취)

저자도 아침식사를 다시 시작한지 3년이 넘었다. 물론 식사량은 적다. 하지만 식사를 하지 않고 출근을 하게 되면 그날 하루는 너무 힘들어지는 것을 몸소 느끼고 있다.

아침식사를 해보자. 새로운 활력을 느낄 수가 있을 것이다.

수면과 수면시간

"자정 전의 한 시간의 잠은 그 후 세 시간 잔 것과 같다."

_조지 허버트

일찍 자고 일찍 일어나야 착한어린이다 라는 말은 어릴 적부터 항상 듣던 말이다.

옛 어른들의 말은 항상 맞는 말이다. 자시 전에는 자야 한다고 하였다. 자시는 오후 11시부터 새벽 1시 사이이다.

그 이유를 좀 더 과학적인 측면에서 접근을 해보면, 멜로토닌이라는 호르몬 때문이다.

멜라토닌은 우리의 내분비계의 조절을 담당한다. 특히 오후 10시~새벽 4시에 가장 많이 분비가 된다.

우리 몸의 스트레스의 원인인 코티코스테론의 면역 억제효과를 상쇄시킨다고 한다. 더불어 뼈의 노화방지, 황산화제역활, 섭식장애방지, 건강한 심장유지 등 여러 가지 역할을 한다고 한다.

더불어 자시에는 신장이 가장 활발하게 활동을 한다고 한다. 이는 뼈와 골수를 생성하고 몸속의 진액을 생산하기 때문에 청소년들에게는 더욱 중요하고 성인들에게도 마찬가지이기 때문이다.

잠을 충분히 자지 못한다면 보통 우리는 날카로워진다고 한다. 충분한 수면을 하지 않으면 분노, 슬픔 등 부정적인 감정 수치가 증가하였다고 펜실베이니아연구팀이 발표하였다. 즉, 우리가 주변에 사람들과 트러블이 많은 사람, 날카로운 사람들의 경우에는 잠을 충분히 자지 못한 경우 일 수 있다.

우리가 호르몬이나 건강을 위해서 일찍 자야 하는 경우도 있지만 정신건강을 위해서도 일찍 자야 한다. 우선 저녁 늦은 시간에는 대부분이 티비나 SNS(소셜미디어)를 하면서 시간을 보낸다. 이 또한 본인이 생각하기에 휴식이기 때문이다. 하지만 이러한 많은 유혹거리는 결국에는 다음날 아침에 일찍 일어나지 못하고 더욱 피곤하게 만드는 이유 중의 하나이다.

더불어 저녁에 늦게 자게되면 식사 후 4~5시간이 지난 시간이기 때문에 은근히 배가 고파지게 되고 결국 야식을 먹게 되는 경우가 많다. 요즘에는 음식을 위주로 하는 프로들이 많기 때문에 그런 프로를 시청하는 순간 배가 안고파도 먹고 싶은 마음이 들 수밖에 없다. 침이 꼴깍 넘어가는 유혹적인 영상들이기 때문이다. 야식을 먹게 되면 그로인해 쉬어야할 장기들이 다시 밤에 일을 하게 되고 그로인해 몸 전신을 흘러야할 피들이 제대로 돌지 못해 필요한 영양소를 몸속 곳곳에 보내주지 못하게 된다. 거기에 살까지 찐다.

아침에 좀 더 가볍게 일어나고 힘찬 기운으로 시작하기 위해서는 수면을 제대로 취하는지가 정말 중요하다. 가능하면 밤 11시 이전에는 잠자리에 들고 최대한 스마트폰이나 TV에서 나오는 밝은 불빛이 아닌 최대한 어둡게 하고 수면에 드는 것이 가장 좋다.

수면시간은 사람마다 다르지만 대부분 짝수로 자는 것이 좋다고 한다. 저자의 경우에는 6시간을 유지하려고 한다. 10시에 자서 4시에 일어난다. 물론 11시에 자서 5시에 일어나는 경우도 있다. 우리의 몸이 신기한 것이 2~3주 꾸준히 수면시간을 유지하면 알람이 따로 없어도 그 후에는 자동으로 눈이 떠지는 것을 느낄 수가 있다. 성인의 경우 7시간 수면을 취하라고 하지만 이는 본인이 필요한 만큼 자면 되는 것이다.

4시간을 자도 충분한 사람이 있을 수도 있고, 8시간 이상을 자도 피곤한 사람이 있을 수도 있는 것이다.

자신의 몸에 가장 맞는 수면시간을 찾는 것이 중요하다.

아침에 눈을 떴을 때 정신이 곧바로 안 들고 계속 멍해있는 사람이라면 두피 및 팔다리 마사지를 추천한다. 곧바로 일어나기 힘든 사람은 혈압이 낮거나 몸에 피가 잘 돌지 않는 경우인 것이다. 그럴 때는 일어나자마자 팔다리를 마사지를 해주고 머리두피를 지그시 눌러준다. 이는 뇌에도 피를 공급하게 되어 좀 더 쉽게 눈을 뜨고 정신이 들 수 있도록 해준다.

아침관리는 그 전날 저녁관리에서 부터 시작된다는 것을 항상 생각해서 저녁 11시 이전에는 자는 습관을 기르도록 한다. 건강한 저녁이 건강한 아침을 만든다.

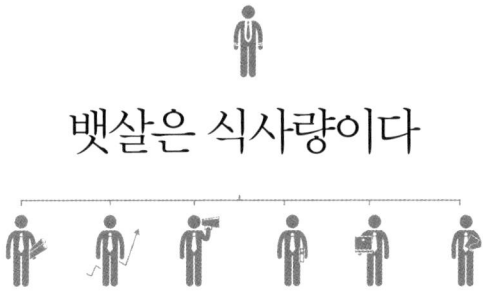

뱃살은 식사량이다

30대 중반이 되면서 대부분의 직장인들은 늘어나는 자신의 뱃살에 대해서 한 번씩은 고민을 한다.

식사량이나 활동량은 비슷한데 몸은 점점 불고 있는 것이다. 이는 신체의 물리적인 나이로 인해서 신진대사 능력이 떨어져서 일어나는 자연스러운 현상이다.

이를 극복하기 위해서는 음식조절과 운동은 필수가 되는 것이다. 하지만 직장생활을 하고 사회생활을 하는 우리로서는 음식과 운동 조절이 힘들뿐만 아니라 회식자리 또한 피할 수 없는 코스이기 때문에 스스로 관리를 하기에는 많은 어려움이 있다.

하지만 그러한 와중에도 자신의 몸을 꾸준히 잘 관리하고 날씬하면서 튼튼하게 유지하는 사람들을 때때로 볼 수 있다. 같은 회사를 다니고 같이 식사를 하고 회식을 하는 데도 그대로 유지하는 친구들을 보면 이구동성으로 좋은 유전자를 받았다고 하거나 몸이 타고난 것이라고 부모님께 감사해야 한다고 한다.

하지만 실상은 그렇지가 않다. 그들이 어떻게 자신들의 뱃살을 관리하고 유지하는지 한번 다가가서 물어보라. 우리랑 똑같이 식사를 하는 중에 식사량을 조절하고, 회식을 해도 적당량만 먹고, 퇴근하는 것 같지만 운동을 하고 집에 들어가는 사람들이 있다는 것이다.

우리의 살의 가장 큰 원인은 3가지로 함축할 수 있다.

1. 식사 – 과다한 녹말과 당류의 섭취

본인이 하루에 먹는 식단을 한번 적어보자. 아침에 간단하게 토스트나 김밥을 먹거나 아니면 굶거나 한다. 점심에는 구내식당이나 음식점. 저녁에는 가장 제대로 된 식사를 식당이나 집에서 하게 된다.

그 식단들에 대부분은 빵이나 밥 그리고 면이 주가 될 것이다. 이들의 원료는 탄수화물의 일종인 녹말인 것이다.

"녹말은 식물의 씨·뿌리·줄기·알뿌리·열매 등에 함유된 중요한 저장물질의 하나이다. 또 녹말은 탄수화물의 일종으로 고등동물에서도 영양원으로서 중요한 물질이다. 쌀 역시 대부분 녹말로 이루어져 있는데, 쌀과 같이 녹말을 포함하고 있는 음식물을 섭취하면 침샘이나 이자 등에서 나오는 소화 효소에 의해 거대한 녹말 분자가 수많은 포도당 분자들로 분해되고 이들이 몸속으로 흡수된다. 그 후 에너지를 만드는 데 사용되는 등 많은 중요한 역할을 하게 된다."

_두산백과 중

탄수화물은 단당류를 지칭하고 녹말은 다당류에 속한다. 즉, 녹말을 섭취할 경우에는 쉽게 몸에 저장이 되는 것이다. 우리 몸에 들어가는 탄수화물의 섭취를 줄이는 것이 아니라 녹말의 섭취량을 줄이는 것이 중요하다.

한국인인 우리가 어릴 적부터 꾸준하게 먹어오는 음식 중의 하나가 밥이다. 이 밥의 경우에는 모든 반찬과 어우러져서 반드시 빠져서는 안 되는 우리의 주식인 것이다. 물론 밥이 잘못되었다는 것이 아니다.

하루 세끼를 밥과 신선한 반찬들로만 먹을 수만 있다면 최고의 영양 섭취가 될 것이다. 하지만 우리는 많은 종류의 녹말로 만들어진 면과 튀김, 감자튀김 등의 많은 인스턴트 음식들을 자주 섭취를 하고 있다.

더불어 설탕물이라 할 수 있는 음료수들 또한 같이 식사 시 섭취를 하면 몸에는 당이 넘쳐나고 그로인해 뱃살은 물론이고 당뇨라던 지 성인병이 오는 것이다.

- **밥을 굶는 것** : 굶게 되면 몸에서는 항상 음식이 필요하기 때문에 음식을 기다리고 있다가 음식이 들어오게 되면 굶었을 당시를 기억하여 몸이 칼로리를 소비하는 것을 최대한 줄여서 몸에 축적하게 만들게 된다. 즉, 굶는 다이어트가 요요현상을 불러일으키는 것

은 이 원리인 것이다.

우리의 몸은 항상 최악의 상태를 대비하기 때문이다. 식사를 굶지 말고 꾸준히 조금씩이라도 주기적으로 하는 것이 가장 중요하다.

- **식사 시 밥을 줄여서 먹는법** : 우리가 식사를 거를 수는 없기 때문에 식사를 할 때 식사량을 조절하면 된다. 특히 우리나라 사람들의 대부분을 쌀밥을 주식으로 하기 때문에 이 밥의 양만 줄이더라도 꾸준한 효과를 볼 수가 있는 것이다. 한 가지 방법은 식판을 사용하는 것이다. 매일 자신이 먹을 양을 정해 식판에 일정하게 음식을 덜어 먹으면 추가로 과식을 하지 않고 일정량을 섭취할 수 있다.

그 후에 그 식판의 밥과 반찬의 위치를 바꿔 반찬 놓는 곳에 밥을 놓고 국과 밥 부분에 반찬을 놓는 것이다. 그렇게 되면 의식적, 무의식적으로 밥의 양이 줄게 되어있다. 하지만 이 방법은 갑자기 줄이는 부작용으로 금방 포기할 수 있으니 천천히 식사량을 줄이는 것을 추천한다.

- **천천히 먹는법** : 음식을 섭취할 때 살이 찌는 사람들의 경우에는 대부분 빨리 먹는 경향이 있다. 우리가 소위 말하는 몇 번 씹어 꿀꺽 삼킨다는 말이다. 그런데 자세히 보면 식사량은 많은데 몸이 마른 사람들이 있다. 그들의 경우에는 관찰해보면 정말로 꾸준히 오랫동안 씹는 것을 볼 수가 있다.

결국 입에서 오랫동안 씹게 되면 음식과 침이 잘 섞여 소화가 쉽게 될 뿐만 아니라 우리 몸에서 필요로 하는 칼로리를 금방 공급할 수 있게 되어 신진대사능력에 도움이 된다. 오래 음식을 음미하면서 씹어 먹으면 소화기능의 향상 및 자신도 모르게 포만감을 느끼게 되어 섭취량이 준다. 음식이 우리 위로 들어가고 20분이 지나야 포만감을 느낀다고 한다. 우리가 보통 식당에 가서 음식을 먹기 시작하면 20분 내로 대부분 끝나게 된다. 최대한 음식을 오랫동안 씹고 삼키도록 하자. 다 못 먹더라도 다른 사람들이 일어나면 거기서 음식섭취를 마무리 하고 일어서도록 하자. 원하지 않아도 뱃살이 빠지는 효과를 누릴 수 있을 것이다.

2. 운동 - *움직이지 않는 몸*

우리는 움직이지 않는다. 하루 종일 앉아만 있는다. 대중교통을 이용하지 않으면 하루에 500보도 안 걷게 된다.

저자가 전 직장을 다닐 때 차로 출퇴근 하면서 만보개를 차고 체크를 해본 적이 있었다. 많이 걸어야 하루에 1000보가 되었고 적게 걸으면 400보도 못 채웠다. 그런 와중에 식사와 간식은 줄이지 않았으니 살이 찌는 것이 당연한 것이 아닐까? 그렇다고 하루에 한두 시간씩 헬스장에서 버티고 있을 수는 없지 않은가?

우리는 운동의 필요성에 대해서는 모두 잘 알고 있다. 하지만 내가 정작 아프거나 몸에 이상증상이 나타나기 전까지는 운동의 의지가 생기지는 않는다. 그렇기 때문에 아직 젊은 우리가 운동을 하는 사람이 드문 이유이기도 한다. 더불어 운동을 한다 라고 생각을 하는 것은 헬스클럽을 가거나 런닝머신 위에서 빠르게 걷거나 뛰는 것을 생각하게 된다. 왜냐하면 일반적으로 이야기하는 운동을 한다는 것은 살을 빼기 위한 체지방 분해가 큰 목표이기 때문이다. 체지방을 태워서 없애기 위해서 유산소 운동이 필요한 것이고 그 유산소 운동은 운동 후 30분 뒤부터 체지방이 타기 시작하는 것이라고 알고 있다.

그러나 실제로는 운동강도를 높여서 하기만 해도 30분 아닌 3분 안에도 체지방 분해는 시작이 된다. 즉, 어떻게 운동을 하느냐가 중요한 것이다.

우리가 살을 빼려면 유산소 운동을 해야 한다고 한다. 그러나 유산소 운동이라는 말이 몸에서 산소를 이용해서 지방까지 태우는 운동을 이야기한다. 보통 30~40분의 유산소 운동을 해야 체지방이 분해된다고 한다. 하지만 실제적으로 우리의 몸은 모든 활동을 할 때 산소를 필요로 하고 30~40분의 작은 운동 강도로 운동했을 때보다 고강도의 운동을 3~4분 동안 단시간에 '컨디셔닝 훈련'이라는 운동법을 하게 되면 체지방의 분해가 시작된다고 한다.

'다이어트 진화론'이라는 책을 보게 되면 유산소 운동에 대해서 왜 우리가 잘못 알고 있는지에 대해서 자세히 설명을 해 놓았다. 유산소는 소모적인 행위라고 정의를 하고 있으며 효과도 떨어지며 유산소 운동을 통해 운동시간의 증가에 따른 활성산소가 생성돼서 신체의 노화를 유발한다고 한다. 더불어 고강도 운동(65%)과 저강도 운동(25%)시 몸에서 필요로 하는 에너지의 양과 구성비를 비교하고 있는데 이는 고강도 운동 시 근육내의 지방과 글리코겐이 엄청나게 요구되는 것을 보여주고 있다. 즉, 체지방이 타는 것이다.

우리는 살을 빼는 것도 중요하지만 몸을 튼튼하게 건강하게 만드는 것이 중요하다.

의식적으로 건강하게 운동을 하려고 노력하고 되도록이면 시간이 부족한 우리들에게 있어서는 운동을 할 때도 일반적으로 하는 유산소 보다는 타바타 인터벌과 같은 고강도 단시간운동을 하는 것이 좀 더 몸을 튼튼하게 만들 수 있는 좋은 방법이 될 수 있다.

"할 때는 힘들지만 휴식과 회복을 거치면 심심이 단련되는 적절한 자극. 이를 위해선 짧고 굵게 움직여야 한다. 그래서 운동할 때 자주 언급되는 모델이 '사냥하는 사자' 다. ... 결국 운동의 빈도보다 강도에 집중하라는 이야기다. 집중하지 않고 책상 앞에만 앉아 있는 수험생의 실력은 절대로 늘지 않는다. 저학년 교과서만 들여다보고 있어도 변환은 없다. 반대로 이해도 안 되는 고학년 과정만 넘보면 시험점수가 떨어지고 만다. 활동과 노동사이의 운동이 필요하다는 말이다."

_다이어트진화론 -남세희

3. 음주 – 무리한 음주습관과 안주

음주는 대부분이 잘 알고 있지만 우리의 간이 해독할 수 있는 양만큼 마시는 것이 가장 중요하다. 그렇지 않을 경우 간에 손상이 가면서 주기적으로 무리가 가게 되면 우리 몸에 이상이 오는 것은 당연한 일이다.

그런데 이러한 문제 말고도 음주의 가장 큰 적은 칼로리라고 할 수 있다.

우리의 몸은 알콜이 들어오면 먼저 분해를 하게 된다. 결국 음주를 할 경우 같이 섭취하는 삼겹살이나 안주 등은 술이 먼저 칼로리 소비가 된 후에 소비가 되는 것이다. 그러한 이유로 인해서 우리가 음식을 섭취하면서 음주를 하게 되면 음식의 대부분이 그대로 몸속에 저장이 된다.

결국 잦은 음주를 하는 사람들이 뱃살이 나오는 원인이 되는 것이다.

적은 음주와 그에 따른 알맞은 음식을 섭취했을 때는 큰 문제가 없지만 대부분의 직장생활에서는 회식과 같은 음주자리가 많이 있게 마련이다.

특히나 저자와 같이 영업 쪽에 일을 하는 사람들의 경우에는 주에 2~3회까지도 술자리가 있는 경우가 있다.

어쩔 수 없이 술자리에 갔을 때는 크게 3가지만 주의하면 된다.
 1. 음주는 최대한 절제한다. 만약 하게 되면 소주기준 한잔을 마셨을 때 물을 1컵정도 섭취를 한다.

2. 음주를 할 때 최대한 안주를 섭취하지 않는데 술만 마시는 것이다. 안주를 먹는 순간 그 안주가 그대로 뱃살로 간다고 생각을 하면서 먹게 되면 안주로 가는 손이 적게 가기 때문이다.
3. 술을 섞어 마시지 않는다. 술을 섞게 되면 주량보다 술을 많이 마시게 되어 실수를 하게 되고 자신을 제어하기 힘들어지기 때문이다.

우리의 몸이 살을 빼는 것이 아닌 건강하게 되는 것을 목표로 운동을 하고 식단 및 자신의 삶의 질을 을 조절해야 한다.
물론 본인의 상황과 환경이 따르지 못하는 경우도 있을 수 있다.
아니 많은 직장인들이 그렇다고 생각이 든다. 저자 또한 마찬가지다. 그렇다고 해서 손을 놓고 있으면 나중에는 더 큰 어려움이 될 것이다. 5년후의 자신의 건강한 모습을 그려보면서 조금씩 시도해 보자.

앉아서 살고 있는가?
의자와 이혼해라

"왜 뱃살이 나오지? 나잇살인가? 특별하게 운동을 하는 것은 아니지만 그렇다고 과식을 하는 것도 아닌데 이상하다.

몸이 왜 이렇게 뻐근하지? 머리가 안돌아가는 것 같다.

진공상태도 아닌데 내 눈이 빠져 나가는 거 아니야?

머릿속에 딱따구리가 있나? 왜 이렇게 쑤시지?

누군가가 내 어깨위에 서 있는 것 같다. 몸이 너무 무겁게 느껴진다."

당신은 이 중에 하나라도 속하지 않는가? 직장인이라면 누구나 이런 생각을 해 본 적이 있을 것이다.

물론 여러 가지 이유가 있을 것이다. 가장 큰 이유는 회사에서 오랜 시간 동안 의자에 앉아 컴퓨터와 일만 하기 때문이다.

앉아서 일하면 머리와 상체를 허리의 힘으로만 지탱하기 때문에 서

있는 것보다 3배 이상의 중력을 허리가 버티고 있는 것이다.

당연히 혈액순환이나 심혈관 질환에도 좋지가 않다. 더불어 컴퓨터를 계속 사용하면 목디스크, 허리의 과부하, 눈의 피로 등이 누적된다.

하루를 잡아 본인의 회사 워킹 스타일을 체크해 보자. 노트를 펼쳐놓고 본인이 의자에서 일어나서 움직이는 시간을 기록해 보자.

나 같은 경우는 점심시간 포함 9시간 근무 중에 심할 경우 8시간 30분을 의자에 앉아있었다.

사무직은 책상에 앉아서 근무를 하는 것이 맞다. 컴퓨터를 이용하는 것도 맞다. 아니 해야만 한다. 더불어 심한경우 계속 전화를 받으면서 일을 해야만 한다.

그렇다면 어떻게 하면 오랜시간 일을 하는 것과 오랜시간 앉아있는 연결고리를 끊을 수 있을까? 방법은 의뢰로 쉽다.

첫째, 점심시간을 활용해라

각각의 회사마다 다르겠지만 점심은 회사 구내식당을 이용하는 경우와 건물내 식당을 이용하는 경우가 대부분이다. 나의 경우 식당까지 엘리베이터를 이용하여 내려간 후 식사를 하고 올라오면 20분이 걸렸다. 한국인들의 특성상 이야기를 오래 하거나 천천히 먹지는 않는다. 특히 남자직원들이 같이 있을 경우에는 더욱 심하다. 식사를 마치면 다시 엘리베이터를 타고 올라와 다시 일을 시작하였다. 또는 앉아서 커피를 마셨다.

점심시간 의자와 멀어진 시간은 10분이다. 심지어 식사 중에도 앉아서 먹는다.

걸어라! 식당까지 내려갈 때 엘리베이터를 이용하지 말고 걸어서 내려가라. 10층 정도의 건물이면 충분히 걸어서 내려갈 수 있다.
식사를 마치고 올라올 경우도 마찬가지다. 엘리베이터를 과감히 버려라. 걸어서 올라가라. 소화가 잘 될 것이다.
올라가다 숨이 차고 힘들면 엘리베이터를 이용해도 되지만 천천히 올라가면 10층까지는 무난하게 갈 수 있다.

산책하라! 점심시간이 여유가 있는 경우 식사 후 회사 주변을 산책을 해라. 같이 식사를 한 동료와 함께라면 더욱 좋다.
위장 안에 있는 음식물이 내려가기 까지는 많은 혈액과 운동이 필요하기 때문에 가만히 있는 것보다 걷는 것이 소화에 큰 도움이 된다.
산책은 30분정도 추천한다. 산책시 약간 빨리 걷는 것이 포인트이다.
건강뿐만 아니라 주변을 걸으면서 동료와 이야기하면 서로 돈독해지고 좋은 아이디어도 나올 수 있다. 단, 상사와 함께 걷는 건 추천하지 않는다.(스트레스를 더 받거나, 일을 더 받을 수 있기 때문에)

이동하라! 매일 같은 구내식당이나 건물 내에 있는 식당만 가지 말라. 가끔은 검색을 통해서 500미터 이상 떨어져 있는 맛집을 찾아서 가라.

걸어서 가라. 맛집이라 하면 많은 사람들이 12시가 되면 몰리지만 약간 늦으면 자리는 충분히 있기 때문이다.

500미터가 떨어져 있으면, 걷는 시간은 15분 정도가 된다. 왕복 30분이다.

일이 바쁘다면 할 수 없지만 회사에서는 점심시간은 자유시간이다. 그 자유시간을 어떻게 이용하는지는 여러분에게 달려있다.

의식적으로 많이 걸어야겠다고 생각을 해야 한다. 그러면 최소 30분 이상 걸을 수 있는 알찬 점심시간이 될 것이다.

둘째, 서서 일을 해라

"매일 규칙적으로 운동해도 하루 8~9시간씩 앉아 생활하면 일찍 죽는다"

_2015년 1월 20일, 캐나다 토론토재활연구소

"의자에 앉아있을 경우 척추가 감당해야 할 하중은 서 있을 때의 2배"

_2014년 3월 생로병사의 비밀

지속적으로 앉아서 일을 한다. 회의 때도 앉아서 일을 한다. 앉지 않고 일할 수 있는 방법은 없을까?

작년 kbs 프로그램의 생로병사에서 서서 일하는 회사에 대해서 소개를 한 적이 있다. 오랜시간 앉아서 일하는 사람들을 대상으로 서서 일한 후의 신체적 변화에 대해서 비교를 하였다. 한번 검색을 해서 보는 것을 추천한다.

그러면 어떻게 서서 일할 수 있다는 것인가? 아주 간단한 방법이 있다. 현재 쓰는 책상위에 작은 보조책상(밥상)을 놓아라.

물론 경제적으로 여유가 있다면 전동 높이조절 책상을 구매하면 되겠지만 백만원 이상 하는 제품이 많기 때문에 부담이 된다.

목제 DIY가구점에 주문을 하거나 사서 직접 조립을 해도 된다. 나의 경우 인터넷으로 접이식 보조책상을 1만원대에 구매한 후에 노트북을 올려놓고 사용하고 있다.

서서 일할 준비가 되어있으면 시작하라. 처음에는 조금 힘들 수가 있다. 우리가 지금까지 좌식문화에 따라 앉아서 생활하는 습관이 있고 학창시절에서부터 계속 앉아서만 공부하고 일하였기 때문이다.

처음에는 시간당 10분정도 지속한다. 단, 바른 자세로 서서 일해야 효과를 볼 수 있다. 기울이거나 삐딱하게 서면 당연히 허리나 다리에 무리가 갈 수 있다. 10분정도 지속 후에 간단하게 다리 스트레칭을 한다.

그 후 10분씩 본인의 몸이 허락하는 한 늘리기 시작한다. 나같은 경우 50분 서 있다가 10분 앉아서 일을 한다. 이것은 직장뿐만 아니라 집에서도 마찬가지다. 집에서 컴퓨터를 사용하거나 독서를 할 때도 서서하는 습관을 들인다. 나는 지금 이 글을 쓰는 중에도 서서 작성하고 있다.

서서 일하게 되면 살도 빠지는 효과가 더불어서 발생한다. 70kg의 남자가 하루 30분 동안 서있을 경우 77kcal을 태울 수 있다고 한다.

하루 2시간을 서서 일하는 시간으로 만들면 154kcal를 태울 수 있을 뿐만 아니라 건강하게 오래 살 수 있다니 한번 시도해 볼만한 일이 아닌가?

셋째, 5분의 스트레칭

학창 시절에는 쉬는 시간을 알려주는 소리가 나면 매점으로 가거나 친구들과 장난치거나 잠을 자곤 하였다. 지금 생각해 보면 그 학창시절에 하루 종일 공부를 할 수 있게 해주는 것이 바로 쉬는 시간의 힘이 아니었나 생각이 든다.

직장생활을 하는 우리는 매 시간이라는 개념이 없다. 업무의 연속이기 때문이다. 하지만 방법은 어디서든지 있다.

업무를 핑계삼아 다른 층에 잠깐 다녀오거나 사무실 밖으로 5분만 나가자. 매 시간마다 하는 것이 좋지만 불가능하면 가능한 많이 하는 것이 좋다. 5분 동안 몸 스트레칭과 손목 발목을 돌려주고 허리를 풀어주자. 더불어 눈 마사지를 꼭 해주자. 눈 마사지는 양손을 서로 비비고 눈에 살포시 가져다 문질러 주면 된다. 5분의 스트레칭을 하고나서 다시 일을 시작하면 시원한 느낌이 들고 막힌 생각이 뚫리는 효과를 얻을 수 있을 것이다.

넷째, 바른 자세를 유지하라

어릴 때부터 항상 바른 자세를 유지하라는 말은 수없이 들어왔다. 성인이 된 후로는 도대체 바른 자세가 무엇인지 구체적으로 가르쳐 주거나 알려주지 않는다. 바른 자세라 하면 우리 몸이 가장 편안하고 안정적인 자세라고 정의한다.

걸을 때는 머리 꼭대기를 누군가 위에서 당긴다는 느낌으로 몸을 곧추세우고 걷는다. 즉, 인형극에서 인형들이 걸려있는 느낌을 생각하면 된다. 이는 허리를 곧게 펴고 머리를 바로 세우고 눈은 전방을 주시하는 것을 의미한다. 실제로 누군가 나를 위에서 당긴다고 생각하면 쫙 펴지지 않을까? 이러한 느낌으로 걸으면 당당한 느낌과 힘이 걸음에서 느껴진다.

앉아 있을 때는 엉덩이는 최대한 의자 등받이에 90도로 밀착시킨 후 발을 바닥에 접지시킨다. 등을 90도로 세우는 이유는 앞이나 뒤로 기울였을 때 허리에 무리가 가기 때문이다. 90도를 잘 모르겠으면 자신의 허리에 손을 가져다 대보고 앞뒤로 움직여 보라. 허리 근육이 바른 자세를 제외하고는 경직되는 것을 알아챌 것이다.

서서 일하거나 컴퓨터 업무 그리고 독서 및 스마트폰을 볼 경우는 가능한 얼굴을 밑으로 15도 이상 숙이지 마라.

특히 요즘 스마트폰을 사용하는 사람이 많아짐에 따라 거북이목으로 고통받는 사람이 많다고 한다. 폰은 안보는 것이 좋지만 어쩔 수 없다면 좀 더 높이 들어 고개를 최대한 숙이지 않도록 하는 것이 좋다.

바른 자세를 유지하는 것이 쉬운 일은 아니다. 습관이 되기 전까지 항상 의식적으로 생각을 하라.

자세에 대한 내용은 다음 장에 좀 더 구체적으로 설명을 하도록 하겠다.

다섯째. 대중교통시 서서 이동해라

젊은 그대여, 왜 빈자리에 앉아서 가려고 하는가?

몸이 불편하거나 정말 피곤하지 않는 이상 서서 이동하자. 지하철이나 버스에서 운동을 하자는 말은 아니다.

서서 가는 동안 엉덩이 힘을 주기도 하고 괄약근의 수축이완 운동을 해본다. 아무도 내가 이런 운동을 하는지 알 수 없다. 더불어 발꿈치로 서있어 본다. 이는 허벅지와 종아리의 근육강화에 좋다.

대중교통을 이용할 때 가만히 서서 사람들에게 밀려 다니거나 의자를 찾아 헤매지 말고 운동을 해보자.

헬스장에서 런닝머신 위보다 일상생활 운동이 비용이나 효율이 뛰어나다.

지금부터 하나씩 시작하자. 남은 63년의 인생은 지금보다 팔팔하게 지내야 하지 않겠는가?

바른 자세는 바른 삶이다

"스트레스성 근육 경직에 따른 두통입니다. 노트북이나 스마트폰을 잘못된 자세로 오랫동안 보지 마세요."

의사선생님으로부터 말을 듣고 한참을 생각하였다. 내가 무슨 스트레스를 받았지? 내가 스마트폰을 많이 보고 있나?
평소에도 가능하면 스트레스 없는 삶을 살기위해 긍정적으로 생각하려고 하고 있고 스마트폰보다도 책을 많이 보려고 노력을 하고 있지만 이러한 답변을 받으니 조금은 황당했다.

몇 년 전부터 가끔씩 후두엽쪽에서 지끈거리는 통증을 느꼈었다. 당시에는 과음이나 과도한 카페인섭취가 문제인줄 알고 쉽게 넘어갔었다.
하지만 이번에는 두통이 일을 못할 정도로 오면서 고개를 조금이라도 숙이면 머리가 깨질 것 같아서 힘들었다. 머리위에 바로 에어컨이 있어서 감기 증상인가 싶어서 에어컨도 끄고 일을 하였다. 그래도 두통은 계속 되었다.

뇌출혈 또는 뇌쪽에 문제가 있는 줄 알고 병원을 부랴부랴 찾아갔었다.

병원에서는 진통제와 근육이완제, 안정제 등을 처방해 주었다. 먹고 곧바로 두통은 멀리 사라져버렸다.
물론 이번에는 이렇게 두통이 사라졌지만 다음번에는 언제 다시 발생할지 모르는 일이였다. 그래서 다시 한 번 생각을 해보았다.

어깨 결림 그리고 어깨로부터 근육의 긴장을 통해 머리까지 올라오는 경직. 결론은 나의 자세에 따른 근육의 긴장감과 그로인한 두통이었다.
회사를 옮기면서 기존에 쓰던 책상보다 낮은 상태에서 모니터가 조금 높아지니 나의 어깨는 당연히 긴장을 하고 힘을 주었던 것이다.
더불어 차량을 바꾸면서 운전 자세 또한 변형이 되다보니 나의 몸에서 이상증상이 나타나기 시작한 것이었다.

결국 정신적인 스트레스가 아닌 나의 자세에 따른 근육의 스트레스가 불러온 고통이었던 것이다. 나름 바른 자세를 하고 고개도 일정하게 들고 일을 하는데 그것이 꾸준히 유지가 안 되었기 때문이었다.

"미국 출신의 자세전문가 스티브 웨니거가 이런 실험을 했다. 당신은

약 5kg 정도 되는 볼링공을 들고 있다. 수직으로 든 채로 이 볼링공을 8시간 들고 있다고 가정해보자. 이때 팔 앞쪽 근육에 실리는 부담을 상상해 보자. 이번에는 팔을 30도 정도 앞으로 기울여 들어보자. 2가지 경우 중 어느 자세에서 팔의 피로감이 더 빨리 올까? 당연 후자의 경우이다. 이제 그 손위에 볼링공 대신 당신의 머리를 떠받쳐보자. 성인 남성의 평균 머리 무게는 4~5kg정도로 볼링공과 같다. 거북목 자세에서는 이 무거운 머리는 물리적으로 떨어져야 맞다. 그러나 절대 떨어지지 않는다. 무언가가 머리를 잡아주고 있기 때문이다. 바로 목 뒤와 어깻죽지 근육들이 머리를 잡아주는 역할을 하고 있는 것이다."

자세부터 잡고 갑시다 송영민

우리가 평소 주의해야 할 자세는 다음과 같이 세 가지가 있다. 저자가 경험한 바로는 다음의 자세들에 대해서만 충분히 인지하고 관리하면 자세로 인한 통증이나 불편한 증상은 없을 것이다.

책상과 의자에 앉는 자세

직장인들 그리고 학생들은 일과의 대부분을 의자에 앉아서 보낸다. 즉, 의자에서 앉아있는 자세가 나의 몸에 주는 영향이 크다는 것이다. 책상에서 대부분의 시간을 컴퓨터로 업무를 보면서 보낸다. 그런데 한 번 자신의 자세에 대해서 진지하게 생각해 본 적이 있는가?

책상에서 가장 중요한 자세는 컴퓨터 모니터에 따라 좌우된다. 대부분은 모니터가 본인의 눈의 높이와 거의 일직선 또는 본인의 모니터 높이와 각도 그리고 키보드와 마우스의 위치에 대해서도 한번쯤은 생각해 볼 수 있다.

모니터는 나의 눈에서 약간 밑(10~15도)으로 유지하는 것이 좋으며 가장 메인이 되는 모니터를 눈 정면에 오게끔 해야 한다. 모니터 두 개를 요즘 사용하는 분들이 많지만 한 개의 모니터가 나의 중심에 오게 하고 다른 하나는 옆으로 놓는다.

이는 몸의 자세가 틀어지지 않고 올바른 자세를 앉기 위한 가장 좋은 지름길이다.

더불어 마우스와 키보드는 팔꿈치와 직각이 되는 곳에 위치하는 것이 가장 좋다. 팔꿈치를 기준으로 마우스와 키보드에 손을 올렸을 때 바닥과 90도가 되면 최상의 자세이며 키보드와 마우스가 몸에 최대한 가까이 있는 것이 팔에 무리가 가지 않는다.

책을 볼 때도 가능한 세워서 바닥에 놓지 말고 보는 것이 중요하다.

의자에 앉을 때는 크게 2가지를 생각하면 된다. 나의 척추가 S자형태로 제대로 세워져 있는지와 엉덩이가 의자에 밀착했는지다. 사무용 의자는 대부분 허리를 보호하기 위해서 S자형대로 되어있다. 따라서 의자 끝에 엉덩이를 밀착함으로써 등이 의자와 붙어 척추의 S자가 편안하게 유지하게 하는 기능을 한다.

의자에 앉은 상태에서도 등이 의자에 제대로 닿지 않는 사람들의 경우에는 수건이나 작은 쿠션을 등과 의자 사이에 끼고 업무를 봐도 된다. 그리하면 척추가 S자를 쉽게 유지할 수 있으며 그로인해 올바른 자세가 되어 허리의 무리도 적어진다.

엉덩이를 의자에 최대한 밀착하지 않으면 이러한 S자 형태의 자세를 만드는데 있어 처음부터 삐걱거리니 이점 참고하여 의자에 앉을 때 꼭 엉덩이를 밀착시키도록 하자.

서있는 자세

서서 일하는 것이 요즘 강하게 부각되는 이유 중의 하나는 우리의 건강에 대한 관심이 높아졌기 때문이다. 오랜시간 앉아서 일하는 사람들은 경맥류, 복근약화, 심장병, 척추경직, 둔근약화, 췌장혹사, 몽롱한 정신 등 많은 질환을 초래할 수 있다고 한다. 하지만 우리는 그동안 다른 대안 없이 당연히 앉아서 일을 하고 공부를 해야 한다고 생각하고 있었다. 앉아서 계속 근무하는 환경, 특히 우리나라에서는 근로자 노동시간이 OECD 다른 국가들에 비해 월등히 높으며 야근 시간도 많다. 그렇기에 근무시간을 줄일 수가 없다고 하면 가능하면 근무시간 동안에 내 몸을 관리하고 건강하게 할 수 있는 방법으로 서서 일하는 것이 대안으로 떠오른 것이다.

하지만 서서 일하는 것도 바른 자세를 가지고 해야지 무릎과 발목 그리고 허리에 부담이 없다. 서서 일할 때도 앉아서 일할 때와 마찬가지로 모니터는 눈의 높이에 맞게끔 높여야 하며 마우스와 키보드의 위치 또한 팔꿈치 90도 각도에 위치하도록 해야 한다.

발은 어깨넓이로 약간 벌린 상태에서 최대한 허리가 쭉 펴지게 가슴을 펴고 고개를 숙이지 않은 상태에서 일을 하는 것이 중요하다. 가끔씩 발에 무리가 가면 무게중심을 좌우로 움직이면서 서 있는 것도 좋다. 저자 또한 집이나 회사에서 스탠딩 테이블을 만들어서 사용하고는 한다. 물론 비싼 테이블이 아닌 집에 있는 간이테이블 등을 이용해서 사용하는데 회사에서는 카펫도 깔려있고 슬리퍼도 있기 때문에 크게 발목이나 무릎에 무리는 없다. 하지만 집에서는 방바닥에 서서 하니 20분정도가 되면 발목과 허리에 무리가 오는 것을 느끼게 된다. 따라서 스탠딩 테이블에서 일을 하게 될 때는 바닥에 발과 바닥사이에 완충작용을 할 수 있는 방석이나 매트 등을 깔고 하는 것을 추천한다.

걷는 자세

걷는 자세 또한 중요하다. 이전에도 강조를 했지만 누군가가 위에서 나를 끌어당긴다는 느낌으로 척추가 쫙 펴진다는 느낌으로 걸어야 한다. 더불어 머리 또한 들고 가능하면 정면을 보는 상태로 걸어야 한다. 우리가 요즘 스마트폰을 보는 습관으로 인해서 자꾸만 밑으로 고개를 숙이고 걷는 것이 자연스럽게 유지된다. 하지만 이는 절대 좋은 자세가 아니다. 의식적으로 고개를 들고 허리를 들고 가슴을 펴고 당당한 느낌으로 걸어야 한다. 물론 너무 심하게 가슴을 내민다던지 고개를 들라는 말이 아니다. 자신이 가장 편하게 느껴지는 포인트를 찾아내서 스스로 머릿속으로 바른 자세로 걷는다는 것을 생각하고 실천해야 한다.

저자가 중고등학교 때만 하더라도 교련이라는 과목이 있었다. 그 당시 수업에서 선생님이 서있는 자세와 걷는 자세에 대해서 엄격하게 수업을 했는지 이제는 이해가 된다.

우리는 태어나서 한 번도 제대로 걷는 방법과 서있는 방법에 대해서 배워본 적이 없이 본능적으로 일어서서 걷고 뛰고 한다. 잘못된 방법으로 걷는 사람들에 대해서는 이야기해 줄 사람이 없는 것이다. 물론 본인들도 알 수가 없다.

이번 기회에 나의 자세에 대해서 주변 사람들에게 물어보고 옆에 있는 동료나 식구에게 내가 서있는 모습이 어떤지 구부정한지 올바르게 서있는지 확인해 달라고 하자.

그리고 고치기 위해서 노력해보자. 너무 심하다 싶으면 병원이나 클리닉을 가도 요즘에는 쉽게 진단을 해주고 고칠 수 있도록 도와주기도 한다.

2족 보행은 절대 쉬운 일이 아니다. 하지만 바른 자세로 걸으면 쉽고 멀리 걸을 수가 있다. 이제는 제대로 걸어보자.

손에 들고 보는 자세

아침에 대중교통을 타보면 가장 많이 볼 수 있는 사람들의 모습은 다들 스마트폰을 보고 있는 모습들이다. 고개를 숙인상태로 말이다. 앞에서도 언급했지만 성인의 머리를 계속적으로 목이 붙잡아 주고 있는다고 생각하면 아침부터 목은 얼마나 많은 스트레스를 받는지가 상상이 된다. 하지만 그렇다고 지금 우리의 삶과 가장 밀접하게 사용되고 있는 스마트폰을 보지 말라고는 할 수 없다. 따라서 가능하면 스마트폰을 보거나 책을 볼 때 좋은 자세를 유지하는 것을 목표로 하도록 한다.

스마트폰의 경우에는 사이즈가 작고 무게가 많이 나가지 않기 때문에 책보다는 쉽게 들 수가 있다. 스마트폰을 눈과 거의 일직선상에 두고 보는 방법을 추천한다. 그렇게 되면 목이 숙이는 것을 방지할 뿐만 아니라 장시간 들고 있는 것은 팔에 부담이 되기 때문에 어느 시간이 지나면 내려놓게 된다.

눈에도 피로가 훨씬 덜하다. 눈을 아래로 향하여 보는 것보다 정면을 보는 것이 눈 자체에도 스트레스를 적게 받기 때문이다.

가능하면 눈과 직선이 되는 상태에서 스마트폰을 사용하도록 하고 가장 좋은 것은 장시간 보지 않는 것이 좋다.

우리가 자세를 바르게 하라는 말을 많이 듣는다. 옛 어르신들도 바른 자세에서 바른 마음이 나온다고 하였다. 나의 몸이 올바른 자세를 유지하면 나도 모르게 자신감이 생기고 그로인해 겉으로 보여지는 행동도 바르게 된다는 것이다.

물론 올바른 자세로 인한 우리 몸이 건강해 지는 것은 당연한 사실이다. 나이가 들어 아프기 전에 우리가 미리 바른 자세를 일상생활에 유지하면 반드시 몸은 그에 따른 건강을 우리에게 줄 것이다.

건강한 몸에 건강한 정신이 깃든다.

제3장
돈관리

재테크를 무시하면
내 인생이 무시된다

부자들은 어떻게 하고 있는가?

당신에게 부가 몰려오고 있다는 느낌이 드는가, 아니면 빠져나간다는 느낌이 드는가?

경기 부양을 위한 저금리 대출을 보고 주택을 구매해야겠다는 생각이 드는가? 일단 빌리고 싶은 마음이 드는가? 아니면 전혀 관심이 없는가? 왜 그러한 생각이 드는가?

우리 세대는 부모님들과는 다르게 부동산 재테크는 힘들다. 그렇다고 예/적금 저축의 이자가 높은 것도 아니다. 직접 투자는 위험요소가 너무나 많다. 당신은 어떤 재테크를 하고 있는가? 취업 후(서른 살)부터 지금까지 얼마나 많은 금융지식과 재테크에 대해서 지식을 배웠고 가지고 있는가?

앞의 질문에 모두 진지하게 답할 수 있는 사람이면 미래에 대해서 진지한 준비를 하고 있고 재테크에 대해서도 걱정이 없는 사람이다. 하지만 대부분의 나 같은 직장인들이 금융지식에 대해 잘 알기란 힘들다.

그렇다고 가만히 있을 수는 없지 않은가? 우리는 어떠한 수단과 방법을 통해 우리의 자산을 지켜내고 증식할 수가 있을까? 많은 방법이 있다고 한다. 하지만 가장 쉽고 빠른 길은 부를 증식하고 있는 부자가 무엇을 하고 있는지 지켜보고 공부하면 된다.

"그렇다면 부자란 정말 어떤 사람일까? 부자란 바로 부를 늘리는데 관심이 없는 사람이다. 더 이상의 부를 필요로 하지 않을 때 비로소 부자라고 할 수 있을 것이다. 부자란 기본적으로 자신의 부를 지키고 이전하는 데 관심이 있을 뿐 더 이상 부를 늘려야 할 이유가 없는 사람들이다"

_박경철, 시골의사부자경제학

주변에 얼마나 많은 부자가 있는가?

"우리가 부자와 친하게 지내면 어느새 우리도 부자가 될 수 있다. 당신이 명심해야 할 한 가지 사항은 '부자 친구의 수만큼 기회도, 배움도 늘어난다' 는 것이다. 당신이 지금까지 부자가 될 기회가 별로 없었다면 그 원인 중의 하나는 당신에게 부자 친구의 수가 절대적으로 적었기 때문인지도 모른다. 믿기 힘들겠지만 이것은 사실이다"

_김병완, 당신을 부자로 만들어 주는 것들

부자들은 자신의 부를 지키고 키우기 위해 우리가 생각한 것 이상으로 많은 정보를 가지고 생활하고 있다. 항상 경제 흐름과 세계적인 금융 변화에 대해서도 집중하고 있다. 그에 비해 우리는 미디어에서 이야기해주는 이야기와 주변 금융 및 보험관계자를 통해서 정보를 얻고 있다.

물론 우리의 정보가 나쁘다는 것은 아니다. 중요한 것은 부자가 될 수 있는, 즉 돈을 벌 수 있는 정보인지이다. 결론을 놓고 보았을 때 당신은 얼마나 많은 부의 증식을 이루었는지 뒤돌아보면 알 수 있을 것이다.

당신 주변의 부자들을 찾아보아라. 근처에 있다면 정말 운이 좋은 것이다. 그들이 어떻게 부를 증식하고 있는지 진지하게 알아보아라. 그리고 만나서 정보를 물어보아라. 물론 그들이 맘에 드는 답변을 안 해줄 수도 있지만 무엇인가 하나는 얻을 수 있을 것이다.

운이 좋은 사람들을 제외하고는 주변에 부자가 없는 사람들이 많다. 부자가 있다고 해도 나와는 거리가 먼 사람들일 수도 있다. 부자는 어디서 만나고 어떻게 만날 수 있을까? 세상에 공짜 점심은 없다.

하나, 부자들의 강의를 들어라.

온라인/오프라인 가리지 말고 진정한 부자들의 강의를 들어라. 특히 해외에서 오는 사람들의 강의는 꼭 들어봐야 한다. 우리나라는 최근 많은 주요 인사들이 방문하고 있다. 그들이 대학이나 공공기관에서 강연을 하는 것을 놓치지 말아라.

둘, 책을 보아라.

고전에서부터 시작해서 동서를 망라해 많은 수의 부의 책들이 있다. 특히 금융과 세계경제에 대해서 냉정하게 비판하고 알려주는 책들을 읽어야 한다. 기본적인 금융에 대해서 기초가 없고 시작하는 사람들에게는 '로버트 기요사키'의 책들을 추천한다.

셋, 발품을 팔아라.

부자들이 모이는 조찬모임, 커뮤니티, 학회 등을 쫓아다녀라. 그리고 주변 사람들에게 아는 부자를 소개해 달라고 하고 찾아가라. 너무 무모하다고 생각이 드는가?

다른 나라와 달리 우리는 학교에서 금융과 재테크에 대한 공부를 하지 않았다. 결국 사회에 나와서는 본인 스스로 깨우치고 공부를 하고 투자를 할 수밖에 없었다. 부자들에게 배워야 한다.

우리가 알고 있는 부자의 상식들?

"가난한 아빠는 '수입이내의 생활을 하라' 라고 말했다. 반면 부자 아빠는 '부자가 되고 싶다면 수입을 늘려야 한다' 라고 말했다."

_로버트기요사키, 부자 아빠, 가난한 아빠, 부자 의 조건 금융 IQ

"저축을 해서 돈을 모아라. 아껴 쓰는 습관을 만들어라. 지출을 줄여라." 이 말들은 어렸을 때부터 수도 없이 들어왔던 말이다. 물론 맞는 말이다. 다만 이 말들에 앞서 돈을 제대로 굴려야 한다는 전제가 있어야 한다. 내 주변의 부자들이 대부분 공통적으로 이야기하는 것이 있다.

"돈은 정체해 있으면 안 된다. 무조건 굴려야 한다.",

"돈이 돈을 벌어주도록 지렛대 원리를 이용해야 한다.",

"돈을 써야 돈이 들어온다"

왜 그들은 이렇게 이야기를 하는 것일까?

우리가 직장생활을 하면서 돈을 아끼고 모아서 매년 얼마만큼의 저축이 가능한가? 세후 연봉이 3,000인 경우 50%인 1,500만원을 모은다고 하더라도 대략 매달 125만원 정도가 된다. 현재 우리나라 서울의 전세 값이 3억을 넘는다고 한다. 20년을 모으면 된다. 추후 연봉이 많이 인상된다고 하더라도 최소 10년이다. 월 아파트 월세의 경우 평균 90만원이라고 한다. 125중에 90을 제외한 35만원을 10년 모을 경우 4,200만원이다.

물론 간략하게 이해하기 쉽도록 설명한 내용이고 결혼과 맞벌이 육아 및 교육비 물가상승률 등은 고려하지 않았다.

이러한 방식으로는 부를 쌓기가 더욱 어려워져만 간다. 더군다나 집을 구매하거나 전세자금으로 대출을 받았을 경우에는 지속적으로 빚을 갚아야 하기 때문에 더욱 힘들어진다.

이런 사항에서 각 가정에서는 여러 가지 재테크를 시도하고는 있지만 기대 이상의 성과는 나오지 않고 있다. 부자들이 이야기하는 돈을 이용하여 돈을 번다는 방식은 우리가 알고 있는 일반적인 상식은 아닌 것이다. 그렇다면 부자들이 어떠한 방법들로 부를 모으고 있는가? 몇 가지 사항들에 대해서 다음 장에서 알아보기로 하자.

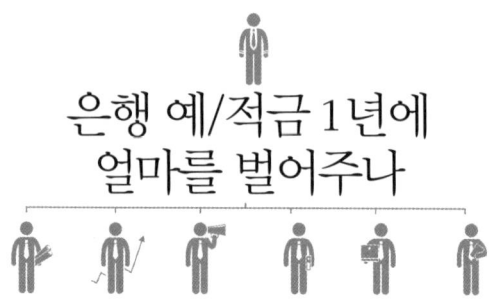

은행 예/적금 1년에 얼마를 벌어주나

　사회의 초년생들의 대부분은 그동안 특별하게 모아둔 돈이 없기 때문에 직장생활을 시작하면 돈을 모으기보다는 쓰기 시작한다. 물론 요즘은 학자금 대출 등으로 많은 금액을 은행에 납부해야 하는 직장인들도 많이 있다.

　어느 정도 시간이 지나 본인의 빚이나 대출 등에 대해서 자유롭게 되면 이제 본격적으로 미래를 위해 돈을 모으기 시작한다.

　물론 그렇지 않은 사람들도 많이 있다. 돈을 모으는 것보다 해외여행을 하며 여러 문물들을 공부하고 느끼며 학원이나 스포츠 그리고 자기계발에 투자를 하는 사람들이다. 그들 또한 자신의 미래를 위한 투자 및 저축의 개념이라고 볼 수 있다.

　여기서는 돈을 모으기 위해 저축하는 것에 대해서 이야기를 하려고 한다. 처음 돈을 모으기 시작하려 마음먹으면 저자도 그랬지만 우선적으로 예/적금을 알아본다. 부모님도 가장 먼저 물어보는 말이 적금 또는 예금을 들었느냐가 우선이다. 예/적금의 경우 우리 부모님의 시대에는 20~30%까지도 이자를 주는 경우가 있었다. 그러하기 때문에 웬만한 투자보다도 훨씬 이자가 높았고 안전한 투자처였다. 지금도 은행이 안전한 투자처이기는 하다. 리스크 없이 5천만원 한도(예금자보호법)내에서 분산하여 넣어두면 안전하게 내 돈을 지킬 수가 있다.

돈을 모으는 목표에 대해서 생각을 해보자. 단순히 내 돈을 차곡차곡 쌓아두기 위해서 모으는 것인가? 아니면 내 돈이 점점 불어나기를 원하기 위해서 모으는 것인가? 이는 투자 성향이라고 볼 수도 있다.

하나. 원금에 대해서 절대 손해없이 매년 조금의 수익이라도 있으면 되는 경우,
둘. 원금은 조금 손해를 봐도 되지만 평균 이상의 수익을 받기를 원하는 경우,
셋. 원금 손해에 대해서는 신경 안 쓰고 큰 수익을 원하는 경우
이렇게 세 가지의 투자 성향을 나눌 수가 있다.

그럼에도 불구하고 이러한 예금/적금의 경우를 선호하시는 분들이 계신다. 이는 안전하게 자금을 보호하는 것이 목적인 분들이시다. 원금

에 대해서 절대 손해를 보기 싫어하시는 나이가 있으신 분들이 선호는 하지만 젊은 층에서도 몇몇은 이 방식을 가장 최고의 방법이라고 생각하고 있다.

투자에는 공식같은 것이 있다. 100-나이 법칙이다. 본인의 나이가 30세라면 100-30인 70, 즉 자금의 70%를 투자형 상품에 투자하라는 것이다.

즉, 나이가 60세가 되면 40%에 대해서만 투자형으로 진행을 하라는 것이다. 하지만 이는 요즘같은 1%의 금리에는 점점 적용이 안 되고 있다. 기준금리가 1%대로 떨어지면서 은행을 통해 수익을 얻을 수 있다고 대부분의 사람들이 생각하지 않기 때문이다. 특히 이제는 연세가 있으신 우리 부모님의 나이대에서도 그러한 불신은 크게 증폭되었다고 한다.

한국은 1%대의 초저금리로 가고 있다. 예금같은 경우는 많이 받아야 1년에 2% 초반이다. 이는 1000만원을 예금으로 넣어두면 1년 후에 20만원을 받는다는 것이다. 물론 여기에 이자소득 15.4%는 별도이다. 2프로 기준, 1억이면 169만원이 조금 넘는 것이다. 그래도 다행히 2014년의 물가상승률보다(1.3%)는 높아서 마이너스는 안 되었다고 한다. 하지만 조금이라도 물가가 더 상승한다면 곧 마이너스가 될 것이다.

적금의 경우 2015년 6월 현재 제1금융권의 경우 2.5%가 최대이고 저축은행의 경우 3%까지도 있기는 하다. 적금금리를 2.8%로 계산을 해봤을 경우에 매달 90만원씩 1년을 적금 넣었을 경우(총 10,800,000원) 세전 1.54% 세후 1.4%(148,239원) 즉, 이자가 15만원도 안 되는 것을 알 수가 있다.

놀랍지 아니한가? 이자도 작을 뿐만 아니라 이 이자에 세금까지 내야 하니 정말로 1년을 투자하고도 내손에 들어오는 돈은 너무나 작은 것이다. 물론 이는 원금을 보호한다는 가장 큰 장점이 있기 때문에 이 방식을 사용하는 것이지 이자를 보고 투자를 하는 것이 아니기 때문이다.

그렇다면 30대의 혈기왕성한 가장 열심히 일하고 돈을 잘 모을 수 있는 이 시기에는 과연 예/적금이 맞는 방법인 것인가? 라는 의문이 든다. 35살을 기준으로 투자법칙인 100－35를 하면 65%가 나온다. 내 자산의 65%를 투자형 상품에 투자를 하라고 했지만 현실은 어떠한가? 투자할 돈이 있는가? 자금이 있는가? 은행에서 왜 예/적금이나 그들의 상품을 가입하라고 하는지 생각을 해보자.
  그들이 우리의 돈을 가지고 투자를 한 후에 남는 돈으로 우리한테 예금이나 적금의 이자를 주는 것이다. 은행은 돈이 남는 장사를 당연히 하는 것이다. 즉, 안정적인 방법으로 투자를 해도 예/적금보다도 이자를 많이 받을 수가 있다는 말이다.

금융상품이나 시장에서 돈이 돌아가는 전체적인 안목과 공부를 하지 않고서는 우리는 부자가 될 수가 없다. 아니 점점 가난해질 따름이다. 내 돈으로 남들의 돈을 불려주고 있는 것이다. 이제는 우리가 똑똑해져야 할 시기가 온 것이다. 직접 상품이나 투자처를 공부하고 알아보고 들어가 보는 것이다. 자 이제 조금씩 공부를 시작해보자.

직접 투자

저금리 시대에 저축으로 돈을 모을 수 없다는 것을 인지한 사람들은 투자를 생각하게 된다.

투자도 크게 직접 투자와 간접 투자로 나눌 수가 있으며, 우리 대부분은 투자라 하면 직접 투자를 생각하게 된다. 내 돈을 내가 직접 투자하여 수익률을 극대화시킬 수 있기 때문이다.

직접 투자의 장점은 내가 원하는 종목을 저렴한 수수료에 언제든지 투자가 가능하고 그 투자에 따른 수익이 높을 수가 있다. 더불어 내가 원하는 종목 한두 가지에 직접적으로 투자를 하기 때문에 운용에 있어서도 빠른 대응을 할 수가 있다.

직접 투자의 가장 간단한 방법은 은행에서 일반적으로 예금 업무를 하듯이 기본적으로 계좌를 계설하고 그 계좌에 돈을 넣는다. 그리고 그 돈으로 주식을 매매하면 주식투자이고 FCM(선물중계회사)를 거쳐 해외 거래소로 매매를 신청하면 선물투자가 된다.

직접 투자의 장점은 내가 세계 어느 나라에 있던지 인터넷 뱅킹 및 거래시스템 프로그램만 되면 어디서나 해외 주식 및 선물을 쉽게 사고 팔 수가 있다. 다만 단점은 내가 직접 운용을 하다 보니 욕심을 부려서 큰돈을 잃을 수도 있고, 투자하는 주식에 대한 정확한 정보나 잘못된 정보로 인해서 돈을 날릴 수도 있다. 더불어 개인 자금이 작기 때문에 분산투자의 어려움으로 인해서 리스크가 클 수가 있다.

결국 직접 투자는 나의 돈을 가지고 내가 투자하려는 종목을 선정한 후에 그 종목에 대한 수익을 기대하는 것이 된다. 즉, 어떠한 종목과 선물을 고르느냐에 따라 이 투자의 승패가 갈라지게 된다.

그러면 직접 투자에 대해서 좀 더 자세히 알아보도록 하자.

먼저 증권계좌를 만들어야 한다. 증권계좌를 만들 증권회사 또는 은행을 골라 계좌를 만든다. 은행에서 통장을 만드는 것과 거의 동일하다고 보면 된다. 그 후 컴퓨터나 모바일 상에 HTS프로그램을 설치한다(홈 트레이딩 시스템). 설치후 공인인증서를 이용하여 아이디와 비밀번호를 발급받은 후 로그인을 한다.

통장에 투자금을 넣고 내가 사려는 품목의 금액을 확인한다. 더불어 현재가를 확인한다. 내 통장의 금액과 내가 사려는 금액을 판단해서 사려는 만큼 매매 신청을 하면 된다. 그러면 시장가가 그 금액에 맞게 되는 순간 매매를 하게 되는 것이다.

수요와 공급의 조화를 맞추는 시점인 것이다.

매수도 같은 원리로 진행이 되는 것이다. 내가 산 기업의 가치가 급등하여 모두들 매수를 하려고 하면 그때 팔면 되는 것이다. 당연히 그 기업의 가치는 높아져 있기 때문이다.

해외 주식도 마찬가지이다. 해외주식을 사기 위해서는 마찬가지로 계좌가 계설되어 있어야 하고 금액도 기본 투자 금액이 정해져 있다. 따라서 소액 투자로 해외주식을 사기에는 조금 힘이 든다. 하지만 어느 정도 자본금만 있다면 충분히 해외 주식을 시도할 수 있으며 최근에는 중국주식도 매매가 가능해져서 우리의 투자 환경은 커지고 있다.

다만 투자하려는 국가별로 전화로 매매가 가능한 곳, HTS시스템을 이용해야 하는 곳, HTS를 통한 거래가 다르다고 하니 이는 자신이 투자하려는 국가에 대해서 알아보고 하면 된다.

주식의 경우에는 현물에 투자를 하는 것이지만 선물의 경우에는 말 그대로 선물(수량, 규격, 품질 등이 표준화되어 있는 상품 또는 금융자산, 즉 국채, 미국달러화, CD, 금, 오일 등이 속한다)에 투자를 하는 것도 포함이 되어있다.

 더 쉬운 말로는 현물은 현제 시세로 거래를 예약하고 매매하는 상품이고, 선물은 현재 시세로 매매계약을 맺되 계약의 결제는 미래의 특정 시점을 정해놓고 그시기에 진행하는 상품을 말한다. 즉, 표준화된 특정 상품을 공인된 시장에서 공인된 가격으로 미래에 거래하겠다는 계약을 맺는 것으로 선도거래의 발전된 형태라고 볼 수 있다. 그리고 만기일이 있어서 그 만기일 이전에는 매매가 가능하고 만기가 되면 자동으로 청산이 되는 시스템인 것이다. 이는 다가오는 만기일에 있는 선물의 경우에 가장 많이 거래가 되는 이유이기도 하다.

 선물 또한 은행이나 증권사에서 선물옵션계좌를 개설해주고 거래를 하면 된다. 선물의 경우에는 이미 규정되어 있는 계약에 대해서만 거래를 하기 때문에 어느 정도 규모의 금액을 가지고 있어야만 가능하다. 따라서 선물의 경우에는 기본예탁금이라고 해서 1500만원 이상의 현금 또는 대용의 증거금이 필요하다. 예탁금은 보통 15%정도가 되기 때문에 그 금액만 있더라도 충분히 투자가 가능하니 참고하기 바란다.

 선물의 경우에는 미래를 어느 정도 예측하고 투자를 하는 것이기 때문에 좀 더 리스크가 크지만 잘만 이용한다면 정말로 큰 수익을 얻을 수가 있다.

세계적인 직접 투자의 고수들이 말하는 것이 있다. 가치투자라는 것이다.

가치투자! 이것은 저 평가되어 있는 기업을 사서 그 가치에 도달하면 파는 것이다. 즉, 회사의 가치를 보고 투자를 하는 것이다.

워런버핏은 평생 가지고 갈 주식이 아니면 사지 말라고 했다. 이 말인 즉슨 그 회사를 제대로 알아보고 정말로 가치가 있으며 저평가가 된 주식을 사라는 말인 것이다. 버핏의 경우에는 이러한 가치투자로 세계적인 거부가 된 것이다.

즉, 직접 투자는 제대로 된 종목 그리고 저평가되어 있는 종목을 골라서 투자하는 것이 가장 중요한 점이다.

1. 내가 잘 아는 분야 또는 회사에 투자를 해야 한다.

주변에서 무조건 좋은 주식이고 반드시 뜰 거라고 꼭 사라고 해도 내가 알아보지 않는 이상 절대 사면 안 된다. 더군다나 잘 알지도 못하는 분야의 주식의 경우에는 너무나 위험하다. 내가 평소에 관심이 많고 그 분야에 많은 정보를 알고 있다고 하면 충분히 투자에 대한 냉정한 시각이 생기겠지만 전혀 정보가 없고 남의 말을 듣고 진행하는 경우에는 돈을 그냥 버리는 경우가 많다.

우리가 물건을 살 때 1~2천원이라도 아끼려고 여기저기 알아보면서 주식투자에는 몇천만원을 제대로 알아보지도 않고 사는 것은 바보짓이다.

내가 잘 모를 경우에는 그 분야에 전문가를 찾아보고 물어보자. 내가 잘 모르면 잘 아는 사람들에게 물어보고 공부를 해보자.

그리고 확신이 섰을 때 투자를 하는 것이다.

2. 우량주에 투자를 해야 한다.

우리나라에도 우량주라 불리는 큰 업체들이 있다. 그런 업체들의 경우에는 수익은 꾸준히 나면서 망하거나 없어질 염려가 없는 기업이다.

물론 우량주만 따로 모아서 진행하는 펀드 등도 있지만 이왕 투자할 것, 내가 원하는 우량주에 투자하는 것이 좋다.

우량주의 장점은 리스크를 최대한 줄일 수가 있다는 것과 함께 수익률도 크지는 않지만 일정하게 나올 수 있다는 것이다. 더불어 추후 기업의 가치가 더 상승하고 주가가 오를 수가 있는 점도 있다.

3. 내가 원하는 수익률과 손절매 금액을 정해놓고 그 룰에 따른다.

아무리 좋은 업체와 잘 아는 분야라고 하더라도 내가 원하는 수익률을 미리 정하고 들어간다.

더불어 손절매 하는 구간까지도 정해 놓는 것이다. 대부분 주식을 통해 많은 돈을 날렸다고 하시는 분들을 보면 손절매를 하지 못하고 마이너스가 나면 그 원금을 다시 회복하기 위해서 다시 오를 거라는 기대감과 함께 계속 유지하게 된다.

그렇게 되면 결국 그 주식은 더 떨어지고 결국 -50%에서 심하게는 까지도 떨어질 수가 있는 것이다. 따라서 개인이 직접 자신의 손절매 구간을 정하고 그 구간으로 주식이 들어오면 무조건 팔아야 한다. 아까워도 팔아야 한다.

더불어 수익이 예상보다 빠른 시간에 도달을 하게 되면 무조건 팔아야 한다. 자신이 정한 수익률을 맞추면 무조건 팔아야 한다. 조금 더 수익이 높아질 거라는 생각으로 끝까지 가지고 있으면 추후에는 어떤 현상이 나타날지 모른다. 항상 오르고 내리기 때문이다.

4. 배당률이 높은 우량주를 찾는다.

배당률이란 회사가 수익을 많이 내서 주주들에게 배당을 하는 금액의 비율을 말한다.

높은 곳은 5%이상이 되는 곳도 있다. 배당률 같은 경우에는 직접 내 통장으로 들어오기 때문에 주식의 금액에 상관없이 꾸준한 수익이 될 수가 있다.

당연히 돈을 버는 회사가 이런 배당률도 높을 수밖에 없다.

5. 국내뿐만 아니라 해외 주식에도 눈을 돌린다.

한국뿐만 아니라 해외로 눈을 돌리면 투자할 곳이 너무나 많다. 다만 사람들이 투자하기 어렵다고 생각을 해서 그렇지 실제적으로 국내 주식을 사는 것과 동일하게 살 수가 있다. 예를 들어, 코카콜라만 하더라도 주식이 꾸준하게 올라가고 있고 더불어 배당금도 꽤 나오고 있다.

한국에만 있을 것이 아니라 해외주식으로도 눈을 넓혀야 한다. 이제 해외투자는 선택이 아닌 필수사항이 되었다.

무엇이든 나보다 잘하는 사람이 있기 마련이고 특히 재테크관련해서는 관심을 가지고 있는 우리보다도 업으로 생활을 하고 있는 사람들이 있다. 가치투자를 하기 위해 그리고 제대로 된 투자를 하기 위해서는 공부가 우선적으로 되어야 하며 나의 옆에서 멘토가 되어줄 파트너가 있으면 가장 좋다.

투자도 발품이다. 많이 알아보고 돌아다니고 세미나도 듣고 교육도 받고 사람들도 만나보아야 한다. 발품을 팔수록 많은 정보가 나올 것이며 그에 따른 수익 또한 높아져 갈 것이다.

공부하고 시도하고 알아보자.

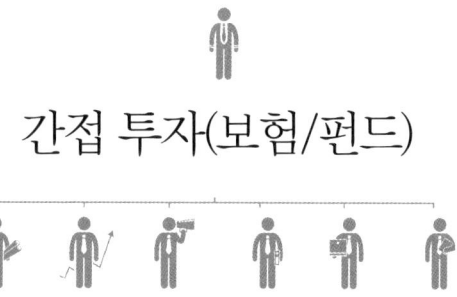

간접 투자(보험/펀드)

직접 투자에는 가장 위험한 것이 리스크이다. 개인이 가지고 투자를 하는 것이기 때문에 분산투자가 힘들고 잘못된 정보로 인해서 어긋날 수도 있기 때문이다.

이러한 경우에는 사람들은 간접 투자를 선호한다. 간접 투자란 결국 내 돈을 대신 투자할 수 있는 투자처를 찾는 것이다.

즉, 내가 직접 진행하는 것이 아닌 전문 투자가나 업체에 내 돈을 맡기고 그들이 투자를 하는 것이다. 물론 risk는 없다고 할 수는 없지만 직접 투자를 꺼리는 사람들에게는 좋은 방안이다. 물론 원금에 대해서 보장이 되는 상품을 원한다면 선택해서 투자를 해도 된다. 대표적인 간접 투자는 보험이나 펀드가 있다.

펀드는 은행이나 투자사가 일반인에게 투자를 받아서 그 자금을 가지고 운용하는 것을 말한다. 이 투자자금으로 주식이나 채권 파생상품

등 유가증권에 투자를 하고 수익을 내는 구조이다. 따라서 어떠한 것에 투자하느냐에 따라서 공사채형과 주식형 그리고 기간 및 주식의 편입 비율에 따라 종류가 여러 가지로 나뉜다.

따라서 펀드의 명칭을 보면 어디에 투자하느냐 어떤 상품에 투자를 하는지에 대해 자세하게 알 수 있다. 다만 여기서는 명칭에 대한 설명은 생략하도록 하겠다.

펀드에 들어가기 위해서는 중요한 것은 3가지이다.

어디(나라)에 투자할 것인가?
무엇(채권, 주식, 선물, 곡물 ... 등)에 투자할 것인가?
누가(운용사) 투자를 해줄 것인가?

1. 어디에 투자할 것인가?

각국의 경제 상황이나 유가 등의 변화가 심한 요즘 어떠한 지역에 대해서 투자할지 정하는 것은 정말 중요하다.

예를 들어, 그리스가 부도위기에 있는데 그리스에 투자하는 것은 자살행위이다. 반대로 이란의 핵협상이 타결이 되면서 이란 쪽으로 투자 방향을 잡는 것은 좋은 투자방안이라고 할 수 있다. 내가 잘 아는 그리고 관심이 있는 국가나 지역에 투자를 하는 것을 추천한다. 내가 잘 알고 관심이 있으면 아무것도 모르는 지역보다야 좀 더 믿음이 갈 수 있기 때문이다.

입장을 바꾸어서 해외에서 한국을 보고 투자를 할 것인가를 생각해 보면 물음표가 떠오를 것이다. 긍정적인 측면도 있고 부정적인 측면도 있기 때문이다. 이는 우리가 너무나 잘 알기 때문인 것이다. 즉, 내가 투자할 지역에 대한 지식을 조금이라도 쌓고 공부를 한 후에 선정을 하는 것이 정말 중요하다.

그 지역의 경제 및 정치상황 그리고 환경까지도 잘 알고 있으면 최고라고 할 수 있다.

그래야만 투자에 대한 좀 더 확실한 길잡이가 될 것이다.

2. 무엇에 투자할 것인가?

어디에 투자를 하는 것보다 중요한 것은 무엇에 투자를 하는 것이라고 할 수 있다.

앞에서 언급한 국가인 이란에는 당연히 플랜트나 건설 그리고 원유를 통한 상품에 투자를 하는 것이 좋다. 이란에서 금융상품이나 곡물에 투자하는 것은 말이 안 되지 않은가? 무엇인가 하면 대체적으로 주식, 회사, 산업, 채권, 곡물, 원자재 등을 들 수가 있을 것이다.

저자도 한때는 곡물 특히 옥수수와 사탕수수에 꽂혀서 브라질의 곡물시장의 폭발성을 기대하고 공부를 한 적이 있었다. 당시에는 옥수수에서 바이오에탄올을 만들 수 있다고 하였으며 실물성 에탄올을 이용한 자동차 엔진도 이미 개발되었다고 하여 겁없이 진행하려고 하였다.

하지만 주변의 고수의 만류로 진행하지 않았다. 결론은 투자를 안 한 것이 잘되었다고 후에 결론을 내렸다.

물론 지금은 바이오에탄올을 휘발유에 섞어서 사용하기도 하지만 크게 수익이 높거나 안정적이지가 않기 때문에 투자에 대해서는 좀 더 깊이 있는 공부가 필요하다고 생각한다.

따라서 무엇에 투자할 것인가도 마찬가지로 그 지역이나 나라에 대해서 자세히 공부를 하고 신문이나 책을 보고 좀 더 확실한 것에 대해서 해야 한다.

남들이 한다고 해서 진행할 것이 아닌 공부와 책을 통한 나의 생각과 의견을 가지고 결정하는 것이 가장 좋다.

더 좋은 건 이 분야의 전문가가 있으면 최고이다.

3. 누가 투자를 해줄 것인가?

어디와 무엇에 투자할지에 대해서 어느 정도 윤곽이 잡혔으면 이제는 운용사를 찾아야 한다. 내 돈을 믿고 잘 굴려줄 운용사 및 펀드를 선택하는 것이 맞다. 운용사의 경우에는 투자에 대한 철학이 있고 꾸준히 진행을 할 수 있는 운용사를 선택하는 것이 좋다. 요즘에 보면 펀드가 수익률이 안 좋거나 인기가 없으면 얼마 가지 않아 사라지거나 관리가 안 되는 펀드들을 볼 수가 있다.

물론 심각한 마이너스를 기록하고 있는 펀드들의 경우는 사람들이 알아서 돈을 빼기는 하지만 운용사에서도 포기를 하는 경우가 있기 때문이다.

　내 펀드를 오랫동안 꾸준하게 잘 관리해줄 운용사를 선택하는 것이 가장 중요하다.

　장기간 꾸준한 수익률을 달성하는 운용사라면 믿고 진행해볼만 하다. 이 또한 가만히 앉아만 있는다고 해서 될 일이 아니다. 본인이 직접 찾아가서 물어보고 알아보고 해야지 어느 운용사가 뛰어나고 이 바닥에서 오랫동안 살아남고 수익이 좋은지 알 수가 있는 것이다.

　보험은 나의 사망 및 재해에 대해서 보장으로 해주는 프로그램으로 보는 시선이 대부분이다.

　그러나 이 보험에도 변액보험이 투자상품이다. 변액보험은 종신/연금/저축형으로 나뉘는데 이는 모두 보장을 해주면서 내 돈을 따로 굴려주는 역할을 하는 것이다.

　종신보험의 경우에는 평생 보장과 함께 내가 사망이나 또는 큰 사고를 당했을 경우에 설정된 금액까지 보장을 해주는 것이다. 이는 나 자신을 위한 것도 있지만 가족을 위해 드는 경우가 많으며 대부분 결혼 후에 드는 경우가 많다. 물론 젊을 때 미리 들어두면 보험금이 싸기도 하지만 미리 드는 것 보다는 결혼 후에 미래를 생각해서 진행을 하는 것이 좋다고 한다.

연금보험은 말 그대로 연금으로 돌려받는 보험이다.

내 돈을 장기 상품으로 꾸준히 굴려서 복리를 발생하게 한 후에 그 돈을 가지고 내가 원하는 나이 대부터 받을 수 있도록 하는 상품인 것이다.

현재 우리가 내는 기본연금의 경우에는 나이가 들어서 받을 수 있는 금액이 워낙 적을 뿐더러 국민연금의 운용실적이 그리 좋지 않기 때문에 각자 개인연금을 드는 것이 필수가 되었다.

따라서 이왕이면 보장이 되면서 좀 더 안전하게 좋은 수익을 얻을 수 있는 방안이 연금보험인 것이다.

저축형 보험은 말 그대로 저축형이다. 보장의 내용은 설정을 할 수 있겠지만 종신, 연금에 비해서 작지만 이 보험의 목적은 돈을 저축하고 불리는데 있다.

연금과 종신에 비해서는 기간이 길지는 않지만 마찬가지로 수수료, 즉 사업비가 초기에 빠지기 때문에 최소 5~10년은 투자해야 한다고 본다.

저축형 보험은 장례의 자녀의 학자금이나 결혼 등에 대비해서 하는 경우가 많으며 이 또한 10년 이상을 굴려야 좋은 수익을 얻을 수 있다.

이런 보험회사의 구조는 우리가 내는 보험비에서 사업비를 제외하고 난 그 금액을 가지고 펀드를 직접 운용한다.

따라서 처음에는 마이너스로 시작할 수밖에 없는 구조이지만 장기적으로 보면 일반적은 예금, 적금보다도 이자는 훨씬 좋다. 다만 장기라는 개념은 작게는 5년에서 길게는 20년 그 이상으로 봐야하기 때문에 잘 선택해야 한다.

변액보험의 장점은 업체마다 틀리지만 내가 1년에 여러 번 펀드를 갈아 탈 수 있으며 비과세 상품이라는 것이다. 물론 추후에는 이 비과세가 없어질 수도 있지만 그래도 지금 가입을 해두면 나중에라도 비과세 혜택을 받기에 미리 가입을 해두면 좋다.

결국 변액보험의 원리도 나의 사망 및 재해를 보장해주는 사업비를 제외한 나머지 금액을 가지고 펀드에 투자를 하는 것이다.

따라서 그 회사의 변액상품의 운용 실적을 한 번 보게 되면 얼만큼의 수익이 나는지 그리고 최근 몇 년간의 추이를 볼 수가 있다.

단기간의 투자가 아닌 장기적으로 그리고 노후를 위해서 투자를 한다고 하면 이만큼 보장과 투자가 동시에 이루어지며 비과세까지 가능한 상품이 변액보험이라고 할 수 있다.

단점이라고 하면 초기에는 사업비를 제외하고 운용을 하기 때문에 수익이 거의 나기 힘들다는 점이며 단기 투자처로는 맞지 않는 점이다.

물론 이 또한 내가 펀드를 고를 수 있고 보험 담당자가 추천을 해주기도 하지만 내가 공부를 해보고 잘 알아야 좋은 곳에 투자가 가능한 일인 것이다.

즉, 간접 투자라고 하더라도 그냥 투자처에 맡기는 것이 아니라 본인이 어느 정도 공부를 하고 나서 투자를 하는 것이 맞다. 함부로 내 돈을 무조건적으로 맡길 수는 없지 않은가?

간접 투자는 여러 가지 방안이 있지만 가장 중요한 것은 이러한 상품의 투자에 대해서 추천해 줄 수 있는 좋은 사람을 만나는 점이라고 생각이 든다. 저자도 여러 명의 보험사직원 및 PB(Private Banker-금융자산운용가)를 만나보았고 돈을 맡겨 보았다.

처음에는 열심히 하시는 분들도 계셨지만 후에는 흐지부지 되는 경우도 많았고 보험을 지속적으로 가입을 시켜놓고 관리를 전혀 안 해주신 분들도 있다. 누구를 만나던지 금융에 대해서 많은 정보를 가지고 계시고 꾸준하게 관리를 할 수 있는 사람을 만나는 것이 좋다. 물론 지금은 최고의 PB를 만나 자산을 차곡차곡 쌓고 있는 중이다. 제대로 된 투자도 중요하지만 제대로 된 사람을 만나는 것도 중요하다!

직접 투자는 내가 투자할 대상을 찾는 것이라면 간접 투자는 나를 위해 투자를 도와줄 투자처를 찾는 것이다. 그렇기 때문에 제대로 된 투자처, 즉 투자자를 만다는 것이 가장 중요한 포인트가 된다. 이 또한 한두 업체나 사람을 만나서 쉽게 진행하지 말고 여러 사람들을 만나서 그들의 투자방향성이나 목표에 대해서 들어보고 알아보는 것이 중요하다. 물론 주변사람들에게 추천을 받아도 좋다.

투자를 옆에서 조언을 해주고 정확한 지원을 해주는 멘토만 있으면 가장 안전하고 큰 투자처가 될 수가 있다.

노후준비의 완성, 연금

얼마나 오래 살았느냐가 아니라 얼마나 잘 살았느냐가 문제이다.

_L.A.세네카

항아리형에서 피라미드형으로 인구구조가 바뀌고 있다.
베이비부머세대가 은퇴하고 있다
퇴직금을 바탕으로 자영업을 하는 인구가 늘어나고 있다.

위의 글은 우리가 최근 쉽게 접할 수 있는 뉴스에서 나오는 말들이다. 우리는 지금 백세시대를 살고 있다. 아니 그 이상이 가능한 시대이다. 그럼에도 불구하고 우리가 은퇴하는 나이는 점점 줄어들어 60이 아닌 55세라고 나오고 있다. 30살부터 25년을 일하고 45년을 먹고 살려면 도대체 얼마나 많은 자금을 25년 안에 모아야 하는 건지 답답하다.

단순한 질문 한 가지가 있다. 여기에 각자 대답을 생각해 보자.
"당신은 은퇴 후 월 얼마의 금액으로 생활이 가능하다고 생각하는가?"
진지하게 생각해 볼 필요가 있다.

'은퇴 후 소요되는 생활비: 기초적인 생활은 월150, 표준적인 생활은 월300, 풍요로운 생활은 월500. 퇴직 전이라면 은퇴 후에 직전 소득의 70퍼센트를 월 생활비로 정하겠다는 목표를 세우는 게 최선이다. 선진국에선 은퇴자들에게 은퇴 전 소득대비 70퍼센트 이상 고정소득이 나오도록 재무설계를 하고 있다.'

_죽을 때까지 월300

위에서 언급한 바와 같이 본인의 소득대비 70%이상 고정소득이 나와야 하는데 현재 우리나라의 가계 자산비중의 80%는 부동산에 쏠려 있다고 한다. 20%만이 금융자산이라는 것이다. 이 또한 단기상품이 대부분이라고 하니 OECD 국가 중 노인빈곤률이 1위인 이유가 있는 것이다. 그럴 리는 없겠지만 부동산이 휘청이거나 일본과 같이 대 폭락을 하게 되면 우리나라의 경제는 암울하기만 한 실정이다.

문제는 이러한 우리나라의 현실에 대해서 정작 30~40대의 경우에는 인지를 못하고 있는 것이다.

왜냐하면 지금도 먹고살기 빠듯하고 가정에 들어갈 돈, 아이들 교육에 들어갈 돈, 그리고 주택대출금 등 매달 통장에 돈이 찍히자마자 빠져나가기 때문이다.

중요한 것은 은퇴이후 55세 이후에 우리가 무엇을 먹고 살아가야 하는 것이다.

은퇴 후에 본인의 퇴직금으로 자영업인 치킨집이나 프렌차이점 그리고 커피전문점을 하시는 분들이 많이 있다. 하지만 2년 안에 문을 닫는 분들이 많은 이유는 너도나도 창업에 뛰어들면서 경쟁과 과잉공급이 이유가 되기 때문이다. 주변을 둘러보면 엄청나게 많은 치킨집들과 커피전문점 등을 찾아볼 수가 있는 이유가 그것이다.

'우리나라의 자영업자 수는 570만명 정도다. 2012년 경제활동인구를 기준으로 따져보면, 전체 인구 대비 28.2퍼센트다. OECD국가의 평균이 15.8퍼센트라는 점을 감안할 때 두 배 정도 높다. .... 1년 이내 폐업하는 자영업자는 전체의 20퍼센트다. 3년 내 폐업률은 47퍼센트다. 음식점, 카페, 문구점 등을 창업한 두 명 중 한명은 3년 이내 쫄딱 망하는 셈이다.'

_죽을 때까지 월300중

결국 회사를 다니면서 우리가 노후 준비를 하지 않고 지내면 결국 은퇴 후에 우리가 자영업을 하더라도 결국 성공할 확률은 지극히 낮다는 것이다.

물론 자영업으로 성공을 하는 분들도 계시지만 그 수가 극히 적다.

내가 은퇴 후에 자영업이 아닌 일정한 소득, 즉 표준적인 생활을 하려면 적어도 월 300이 나오는 수익구조를 가지고 가야한다는 것이다.

내가 가수나 작곡가 그리고 책을 잘 써 베스트셀러 작가가 되면 이 정도의 인세를 기대할 수 있지만 그럴 가능성은 극히 희박하다. 그래서 우리 직장인들이 준비할 수 있는 가장 좋은 방법은 바로 연금인 것이다.

내가 은퇴 후 원하는 수익을 미리 생각해서 그 수익률만큼 연금을 들면 되는 것이다.

우리나라에서 진행하는 연금이라 하면 크게 4가지를 들 수가 있다.

국민연금, 퇴직연금, 개인연금, 주택연금 등이 있다.

그렇기 때문에 내가 따로 가입을 할 필요없이 자동으로 봉급에서 빠져나간다.

자 그렇다면 우리가 지금부터 준비를 할 수 있는 연금은 결국 개인연금밖에 없다는 결론이 나온다. 나머지 국민연금이나 퇴직연금은 내가 지금부터 따로 준비를 하지 않아도 따로 설정이 되고 주택연금의 경우 주택이 있다면 은퇴 후에 설정을 해도 가능하다.

그렇다면 어떠한 개인연금을 우리가 지금부터 준비를 잘해야 좀 더 편안하고 즐거운 은퇴 후의 삶이 될 수 있는지 알아보도록 하자.

연금저축보험

보험회사에서 판매 및 운영을 하는 상품이다. 이는 보험사에서 원금에 대한 보장을 해주면서 그 돈을 이용해서 돈을 굴리는 방식이다. 장점은 나의 상해나 다른 리스크에 대해서 보장이 동시에 되기 때문에 다른 연금보험보다도 많은 혜택을 받을 수 있다는 것이다. 다만 단점의 경우에는 초기의 수수료를 많이 납부해야 한다는 것이다. 보험이랑 같은 원리로 수수료, 즉 사업비가 많이 나가게 된다. 그러나 이 또한 추후에 추가불입에 대해서는 수수료가 작아지기 때문에 장기로 진행을 하는데 있어서는 최고의 상품이 될 수 있다. 물론 자유 납이 가능하다.

연금저축신탁

은행이 저축식으로 연금을 직접 판매하고 운영하는 것이다. 원금에 대한 보장을 해주면서 정기납이 된다. 다만 연간 납입한도 1,800만원이며 그중 400만원까지 세제해택을 받을 수가 있다. 계산해보면 대략 52만 8천원에 대해서 세금감면의 효과가 나는 것이다. 반드시 400만원까지는 꼭 들어야 하는 보험이다. 물론 12월에 한꺼번에 납부를 해도 된다고 하니 이점 참고하기 바랍니다.

연금저축펀드

증권회사(자산운용사)가 운용하며 원금에 대한 보장이 안 된다. 더불어 자기가 원하는 대로 자유납이 가능하다. 다만 단점은 수수료가 비싸다는 점이다. 더불어 시간이 지날수록 점점 수수료가 늘어나니 적립액이 많으면 부담이 되는 구조이다. 따라서 수익률은 좋지만 _l에 따른 원금보징이 불안할 뿐만 아니라 수수료가 늘어나는 점을 기억해야 한다.

30대 후반의 나이에는 연금에 대해서 반드시 설정해야 한다. 개인연금의 경우에는 가능한 빨리하면 할수록 세제혜택 및 수익률도 높아질 뿐만 아니라 은퇴 후에 나오는 연금의 금액 또한 높아진다.

다만 주의해야 할 사항은 분산투자, 소득대비 납입금액, 연금의 유지 등이 있다.

분산투자 : 연금도 마찬가지로 크게 한곳에 큰돈을 넣는 것이 아니라 분산해서 돈을 쪼개서 넣어야 한다. 예를 들어 100만원짜리 연금을 65세부터 받을 것이 아니라 10만원짜리 10개로 쪼개서 55세, 60세, 65세 등 나눠서 받는 방법을 추천한다. 운용사 또한 두세 군대로 나눠서 하면 더욱 좋다. 후에 리스크를 줄이기 위한 방법이기 때문이다.

소득대비 납입금액 : 무조건 내가 은퇴 후에 월300을 받기를 원한다고 생각을 하지 말고 현재 나의 소득에서 넣을 수 있는 만큼 넣어야

한다. 더불어 맞벌이를 하는 부부의 경우 한명이라도 회사를 그만두게 되면 그에 따른 부담감이 증가하기 때문에 자신의 소득과 장기 계획을 확인하여 적용해야 한다.

연금의 유지 및 계획 : 연금을 초기에는 작은 금액으로라도 가입을 하고 점점 5년에서 10년 사이에 금액을 추가시켜 늘리는 계획을 짜도록 한다. 직장을 다니면서 진급을 하면 그에 따른 연봉도 상승을 하게 되고 수익도 증대되기 때문에 처음부터 많이 넣을 생각보다는 어느 정도 기간마다 금액을 증액시키는 것이 가장 효과적인 연금유지 방법이다. 내가 연금을 받을 시기를 계획하여 나의 연금 포트폴리오를 그려봐야 한다.

은퇴 후에 어떻게 살 것인가는 지금부터 우리가 준비하는 것에 대한 결과물이 될 것이다.
많은 책도 읽어보고 많은 정보를 얻어 보고 여러 전문가들을 만나서 과연 본인에게 가장 알맞은 연금과 투자 방법에 대해서 고민을 하는 것이 중요하다.

추천도서 : 죽을 때까지 월300 - 조재길 지음 , RHK

경매 한번 해볼까?

돈은 계속 흘러야 한다. 고인물처럼 가만히 있으면 썩는다.

주변에서 부동산으로 성공하신 분이 항상 하시는 말씀이다. 그렇다. 돈은 계속 흘러야 한다. 우리가 월급이나 부수입이 생겼을 때 그 돈을 이용해서 다른 돈이 들어오도록 돌게 해야 한다. 그렇지 않고 가만히 은행에 넣어두면 결국 그 돈은 지금같이 1%의 금리에서는 경제성장률을 적용하면 결국 마이너스가 되는, 즉 썩는 것이다.

어느 책에서는 '내가 돈을 위해 일하지 말고 돈이 나를 위해 일하게 만들어라' 는 것을 보고 도대체 어떻게 하면 돈이 나를 위해서 일을 하게 만들게 되는 것인지에 대해서 생각을 하였다. 즉, 돈이 나를 위해 일하게 만들라는 말은 내 돈을 잘 굴리라는 말이고 그것은 이윤을 창출하라는 말로 간단하게 해석을 할 수 있다.

돈을 굴리는 방법 중에 가장 큰 방법 중의 하나인 부동산을 들 수 있다. 부동산은 우리나라뿐만 아니라 미국이나 중국에서도 가장 뜨거운 투자처가 되고 있다. 하지만 일반인이 큰 자본금 없이 부동산을 보유한다는 건 솔직히 힘든 일이다. 물론 돈이 많은 부자들 중 본인 돈으로 투자를 하는 사람도 있지만 많은 사람들은 은행이나 금융권의 자금을 이용해서 레버리지 효과를 사용한다.

우리 같은 일반인들이 큰 자본없이도 부동산에 투자할 방법은 없는 것인가? 아니다 있다. 저자도 이에 대해서 꾸준히 공부하고 알아보고 발품을 팔아보았다. 그리고 시도를 해 보았다. 내 돈이 부동산에서 흐를 수 있는 방법에 대해서 알아보자.

1. 경매

요즘은 많은 분들이 경매를 하신다. 부동산 경매라고 하면 드라마에서 사체업체에게 돈을 빌린 후 못 갚아서 깍두기 형님들이 우리 집에 들어와서 돈 내놓으라고 행패를 불이다가 집을 뺏기는 그런 인식이 많이 있다.

좋은 방식이 아닌 강압적으로 불쌍한 사람의 집을 뺏는 방법이라는 생각이었지만 이제는 많은 변화가 있다.

요즘 서울뿐만 아니라 경기도 지역의 경매낙찰률이 90%를 넘어 어떠한 곳은 100%이상으로 치솟는 경우가 있다고 한다. 이는 경매가 이제는 힘들지 않고 일반인들이 쉽게 다가올 수 있다는 의미이기도 하다.

경매의 절차는 간단하다.

대법원. 부동산 경매싸이트 물건확인 -> 마음에 드는 물선 선택 -> 직접 발로 돌아다니며 확인 -> 입찰가 결정 -> 법원 입찰 -> 최고가 낙찰 -> 잔금납부 -> 명도

경매를 하기 위해서는 크게 4가지 정도가 반드시 필요하다.

하나. 공부

가장 중요한 것이다. 경매는 일단 부동산이 은행이나 채권단으로 압류가 되어있는 상태이기 때문에 이 집에 대해서 확인을 자세하게 해야 할 수밖에 없다. 물론 요즘은 경매싸이트에서 경매물건에 대해서 자세하게 서술이 되어 있고 법원에서도 공지를 하고 있다. 하지만 본인이 경매에 대한 지식이 없이 경매를 한다는 건 말이 안 되는 사실이다.

최소 경매관련 책을 5권 정도는 봐야한다고 생각이 든다. 그 정도 책을 보면 대부분의 경매의 전체적인 흐름이나 중요 포인트에 대해서는 습득을 할 수 있다. 만약 책을 보는 것이 어렵다면 학원을 다녀도 좋다. 경매가 활성화가 되어있기 때문에 학원의 수도 많고 금액도 많이 비

싸지는 않다. 다만 정말 잘 가르치고 학생을 위해 제대로 가르쳐주는 학원을 선택해야 한다.

기본적인 부동산에 대한 지식과 자료를 공부한 상태로 실전에 투입되는 것과 무작정 부딪히는 것은 하늘과 땅 차이다. 물론 깊이 들어가면 끝이 없겠지만 경매의 경우에는 짧은 시간 안에 중요한 많은 내용을 배울 수 있기 때문에 시도해볼만 하다.

둘. 경매의 목적

내가 경매를 통해서 얻으려고 하는 것이 무엇인가?

보통 사람들이 경매를 통해서 이루고자 하는 것은 월세수익/내집마련/차익실현, 3가지 정도로 볼 수 있다. 각기 다른 눈으로 물건을 찾아봐야 한다.

- 월세수익 : 가격이 저렴하면서 월세의 수요가 많은 지역. 나의 초기 자본 및 경락자금대출 등을 통한 최소 비용으로 일정한 월세를 받는 것을 추구하는 것이다. 물건당 15~30만원 사이로 수익을 잡는다. 주로 빌라가 대세이다.
- 내집마련 : 내가 살아야 하는 집이기에 주변 환경, 학군, 교통편 등을 종합적으로 고려하여야 하며 주변의 급매비용을 알아보고 그 이하의 물건을 찾아서 진행해야 한다. 대부분 아파트를 선호한다.

- **차익실현** : 매매가 활발히 이루어질 지역인지 파악해야 한다. 주변의 같은 크기의 물건의 경우 매매가를 확인해보고 그에 따른 물건을 찾아야 한다. 미리 진행할 물건에 대해서 부동산과 매매가격에 대해서 이야기를 해 놓고 경매 낙찰가 등을 정해놓고 들어가는 경우도 있다. 1~2천만원 정도 수익을 바라본나.

경매를 통해서 어떠한 물건을 낙찰받아 어떠한 용도로 그 물건을 진행할 것인지에 따라 물건을 보는 지역 및 종류가 다르기 때문에 반드시 본인이 무엇을 원하는지를 정해야한다.

요즘은 금리가 낮아져서 좋은 물건을 찾기가 힘들다. 더불어 경매로 낙찰받은 금액보다 급매의 가격이 더 싼 지역이 많이 있다. 따라서 반드시 입찰을 하기 전에는 현장에 대한 조사가 필요한 것이다.

셋. 발품

경매에 있어서 가장 중요한 것은 발품이다. 내가 직접 물건을 확인해보지 않고 인터넷으로만 파악하고 인터넷 경매싸이트에서 임장보고서를 기준으로만 파악하려고 하면 절대 좋은 물건을 찾을 수 없다.

우선 경매싸이트나 대법원 싸이트에 올라온 경매물건을 인터넷으로 확인한 후에 그 물건에 대해서 집적 눈으로 확인을 하러 가야한다.

물건에 대해서 주변 부동산에 물어보거나 또는 주변 시세에 대해서도 확인을 해본다. 더불어 물건에 문제가 있는지 없는지도 확인을 해보아야 하며 관리비나 공과금에 대해서도 확인을 한다.

　관리사무소나 우체통을 보게 되면 그 물건에 대한 자료를 알 수 있다. 이와 더불어 많은 것들을 확인해야 물건에 대해서 파악이 가능한 것이다.

　주변의 환경이나 도로 그리고 대중교통과 시장 등이 있을 수가 있다. 더 좋은 것은 직접 그 집을 찾아가서 문들 두드려 확인을 하는 것이다. 그 집에 임차인이 살고 있으면 크게 어렵지 않게 확인을 할 수 있지만 집주인이 살고 있으면 확인하는 것은 조금 힘들다고 봐야한다.

　물건이 안쪽에 크게 상처나 부서진 부분이 있다면 낙찰을 받고도 그에 대한 추가 비용이 필요하기 때문이다. 운이 좋아 집 안을 확인해 볼 수 있다면 좀 더 낮은 금액으로 입찰이 가능하기 때문이다.

　내가 원하는 물건뿐만 아니라 평소에 잘 아는 지역도 꾸준히 발품을 팔면서 돌아다니다 보면 부동산이나 주변 지인을 통해서 좋은 물건을 급매나 다른 방법으로 추천을 받을 수 있다. 부동산의 제1법칙은 발품을 팔아라 이다.

　발품을 팔면서 부동산에 대해서 그리고 경매에 대해서도 자신감을 쌓을 수 있으며 내공 또한 같이 쌓인다.

넷. 수익계산 자본금 및 대출

요즘에는 많은 사람들이 시세차익을 바라지 않고 월세의 개념으로 접근을 하고 있다. 낮은 금리와 함께 오를대로 오른 부동산이기 때문이다. 따라서 월세, 즉 현금흐름, 즉 수익을 위한 자산의 증식을 위해서 부동산에 투자하고 있다.

따라서 수익이 좋은 부동산, 즉 월세를 높게 받을 수 있는 부동산이 요즘의 트렌드이다.

다만 주의해야 할 사항은 강남의 경우 집값이 비싸다고 무조건 들어갈 것이 아니라 수익률을 봐야한다. 비싼 가격대비 월세의 수익률은 연 2~3%이다. 다만 서울에서 강남은 지리적 이점이 추후 시세차익에 대해 약간이라도 생각할 수 있기는 하다. 더불어 강북이나 수도권 지역으로 나가면 매매가격은 떨어지지만 월세의 수익률은 연4~6%이다.

경락자금 대출의 경우 80%~90%까지 받을 수 있다. 이 또한 국가의 정책으로 변할 수가 있다. 제1금융권보다는 제2금융권이 좀 더 저렴한 금리로 대출이 가능하다. 다만 모든 투자금 대출이 그렇듯이 본인이 추후에 어느 정도 컨트롤할 수 있을 정도의 금액이어야 한다는 것이다. 갑자기 금리가 상승하여 본인이 가지고 있는 대출에 대해서 2배로 상승을 하게 되면 정말 큰 타격을 입을 수도 있기 때문이다.

결론은 자신이 많은 공부를 하고 나서 자신의 선호도 현금흐름, 즉 수익률을 따져서 잘 아는 지역에 부동산 투자를 하는 것이 좋다. 1% 저금리의 시대 우리는 은행권이나 물가 상승률보다 높은 4~5%의 수익률을 바라보아야 할 것이다.

네크워크마케팅이 다단계라고?

제품이 정말 좋아 이거 한번 써봐.

정말 좋았다. 그건 A사의 식기세제였다. 거기에 손에 보습까지도 되고 금액도 일반 국내 대기업의 제품보다도 싸기도 하였다.

정말 신기한건 이 제품을 사면 캐쉬백포인트를 현금으로 준다는 것이었다.

처음에는 충격이었다. 좋은 제품을 캐쉬백까지 준다니 안 쓸 이유가 없던 것이었다.

그렇게 나의 A사 제품에 대한 호감은 처음에는 좋았다. 그런네 직접 제품을 구매하려고 하니 회원가입을 해야만 가능하고 추천인만 넣으면 쉽게 구매가 가능한 거였다. 가입비나 다른 돈을 내지는 않았다. 그렇게 나의 A사 회원가입과 제품의 사용이 시작이 되었다.

그런데 한 달 정도 시간이 흘렀을 무렵 주변에서 A사 제품을 쓰는 나를 보고 사람들이 피라미드하냐고 지나가는 말로 물어보는 것이었다. 피라미드라고? 난 특별히 돈을 뜯기거나 가입비를 내거나 한 것도 없는데 왜 그렇게 부르지? 제품만 쓰고 사용했는데 왜 그러지? 하는 생각이 들었다.

주변에서 안 좋게 보는 시각이 나한테도 다가오기 시작하고 점점 이 회사와 제품에 대한 호감이 떨어지고 있었다. 그러던 와중에 나를 이 회사제품에 대해서 소개시켜준 분이 본인의 스폰서라고 불리는 분의 집에 한번 가보자고 하여 방문을 하였다.

그분은 우리나라에서 이 회사가 처음 시작할 때 시작한 분들 중의 한 분이었다.

온화한 미소와 함께 그분의 집에서 이 회사가 추구하고 어떻게 제품을 생산하고 사람들이 왜 잘못된 선입견을 가지고 있는지에 대해서 설명을 해주셨다.

그 이야기를 듣고 나서 나도 한번 이 제품의 구매자가 아닌 사업자가 되어볼까 하는 생각이 들었다.

일단 간단하게 네트워크마케팅, 즉 다단계라고 불리는 시스템과 피라미드라는 개념에 대해서 알아보자.

일단 네트워크(다단계)마케팅의 경우에는 네트워크를 이용한 판매이다. 입소문으로 연결되는 것이다. 본인이 제품을 쓰고 좋으면 그걸 가지고 다시 주변에 소개를 해주는 것이다. 그리고 그에 따른 포인트가 같이 쌓인다고 보면 된다. 물론 이것이 사업이 되기 위해서는 한두 명이 아닌 꾸준한 고객의 소개와 제품의 홍보를 해야 하는 것이다. 간단하게 이야기하자면, 일반 기업들의 대리점들이 하는 일들을 개인 고객들이 직접 홍보 및 판매를 한다고 보면 된다.

다단계 VS 피라미드

1. 합　법 : 합법적으로 등록 VS 불법으로 등록이 되어있는 경우도 있으며 합법이라도 페이퍼컴퍼니식으로 진행되는 경우도 있음
2. 가입비: 없거나 1만원이하 VS 200만원에서 많게는 500만원까지도 있음
3. 제　품 : 시중의 제품보다 좋거나 동일함 VS 이상한 제품들이 많고 질도 많이 낮음
4. 교　육 : 체계적이고 합법적인 교육을 함 VS 단기간에 합숙을 통한 교육
5. 사　업 : 튼튼한 장기 사업(부업의 개념) VS 단기간 큰돈을 목표로함
6. 환　불 : 환불 가능 VS 환불이 불가능함
7. 재　고 : 재고 없음 VS 어느 정도 본인이 수량을 받아가야 함

네트워크마케팅 주의사항

1. 네트워크마케팅의 경우에는 일단 그 회사가 믿을만한 회사인지 알아보는 것이 가장 중요하다.
2. 가입비가 있는지 여부를 반드시 확인한다. 금액이 얼마나 되었건 가입비가 있다고 하면 의심을 해보아야 한다. 해외에서는 가입비가 있는 경우가 있지만 한국에서는 대부분 있더라도 1만원이하이다.
3. 본업을 그만두고 곧바로 시작하라고 하는 것은 절대 믿지마라.
4. 부업으로 시작하되 나의 시간 및 노력에 대해서 충분히 보상을 받을 수 있는지도 파악한다.
5. 가족이 반대를 하면 하지마라. 설득을 시킬 수 없으면 안하는 것이 좋다. 가족을 설득도 시키지 못하면서 어떻게 타인을 설득시키고 순조롭게 사업을 할 수 있겠는가?

인세소득이라고 우리는 들어보았는가? 인세소득이란 책을 써서 베스트셀러가 되는 것, 노래를 잘 만들어 꾸준히 음원이 팔리는 것, 빌딩을 지어 월세를 꾸준히 받는 것 등 이러한 것들이 인세소득이 될 수 있다.

그런데 네트워크마케팅의 경우 인세소득이라고 한다. 왜 그런가 하면 노력을 해서 네트워크를 만들으면 그 네트워크를 통해서 꾸준히 매출이 발생을 하고 그에 따라 나의 포인트(수익)가 쌓이게 되는 것이다. 그 네트워크가 계속적으로 꾸준히 제품을 소비하고 이용하는 경우에 말이다.

네트워크마케팅이라는 특수성에 따라 네트워크는 점점 팽창할 수밖에 없으며 그러하기에 인세소득으로 정할 수가 있으며 그 금액은 점차 커져가는 것이다.

하지만 모든 사업이 마찬가지이지만 크거나 작거나 부업이건 아니긴 시간과 노력이 필요하다. 자신의 네트워크를 이용하여 제품을 광고하고 그에 따른 매출을 일으켜 나에 대한 수익을 발생하기까지는 평균 2년 정도의 시간이 걸린다고 한다. 다만 네트워크마케팅의 경우에는 자본금이나 리스크 없이 좋은 제품을 가지고 사업을 할 수 있는 장점이 있으며 시스템에 그대로 들어가기만 하면 된다.

이러한 장점이 있기 때문에 많은 사람들이 쉽게 시작을 하기는 하지만 꾸준한 노력이 없기에 대부분은 금방 포기하고 만다.

시작은 쉽지만 끝까지 꾸준하게 노력하고 좋은 결과를 얻기까지는 정말로 많은 노력이 필요하다.

더군다나 우리나라의 정서상 네트워크마케팅, 다단계에 대해서 좋은 시선이 아니기 때문에 이에 대한 벽을 넘어서서 해야 한다는 것이다.

물론 내가 3년 전에 처음 나랑같이 정보를 얻고 사업을 시작하신 분의 경우 지금 본업의 수익을 넘어섰다고 한다. 사람마다 본인이 잘하는 분야가 있을 수 있고 약한 부분이 있을 수 있다.

네트워크마케팅의 기법을 좀 더 배워보면 회사에서 세일즈나 다른 업무에도 적용을 할 수 있는 법칙 등이 있다. 기본적으로 네트워크마케팅에서는 9가지 법칙 또는 10가지 법칙을 꾸준히 해야 한다고 한다. 그 내용을 보면

1. 매일 30분 이상 책읽기
2. 성공사례와 자료 시청 및 듣기
3. 미팅 참석
4. 100% 제품이용
5. 사업설명
6. 소비자 만들기
7. 상담하기
8. 신뢰쌓기
9. e-커머스
10. 운동

위에 내용 등을 보면 정말 이대로 매일같이 하면 네트워크마케팅 뿐만 아니라 어느 사업도 아니 어느 직원도 성공을 할 수밖에 없는 것 같다.
네트워크마케팅을 보면서 느낀 점은 정말 최고의 영업 솔루션을 가지고 있다는 점이다.

일반 회사에서 자사의 제품을 매일같이 사용해보고 매일같이 미팅하고 독려하고 그에 따른 공부를 하고 고객에게 매일같이 전화하고 연락하고 만나고 더불어 운동까지 하면서 자신의 건강을 챙기면 어느 직원이라도 유능한 세일즈맨이 될 것 같은 생각이 든다.
물론 본인들이 직접 그러한 마인드를 가지고 있어야만 가능한 일이지만 말이다.

네트워크마케팅이 나쁜 것은 아니다 하지만 자신의 철저한 관리와 노력이 없이는 정말 힘들고 이를 통해 성공한 사람의 숫자는 극히 드물다는 것을 알아야 한다.
어느 정도 네트워크가 올라올 때까지는 수익보다는 시간을 소비하는 경우가 많을 수도 있으니 꾸준히 지치지 않고 노력하며 주변사람의 반대가 없는 사람들이 하는 것을 추천한다.

다만 네트워크마케팅의 마케팅 방법이나 세일즈의 방법은 우리가 일상생활 아니 각자의 직장에서도 적용할만한 것들이 많으니 한번쯤은 알아보는 것도 나쁘지 않다.

과유불급이라 하였다.
너무 넘치지 않고 적당하게 하는 것이 중요하다.

제4장
가정관리

내 가족과 행복해야
인생이 행복하다

주말 80분의 효과

요즘 대부분의 가정은 맞벌이가 대부분이다. 맞벌이는 남편과 아내 둘 다 모두 일을 하는 구조를 말하고 있다. 같이 가계경제를 위해 열심히 돈을 벌어오는 것이다. 누가 더 벌고 덜 벌고의 문제는 아니다. 내 주변에 보면 많은 수의 맞벌이 가족을 볼 수 있다.

이상적인 맞벌이 부부들의 주말은 무엇일까? 대부분의 사람들은 한 주의 스트레스를 풀 수 있는 즐거운 주말, 가족과 즐길 수 있는 행복한 주말을 생각한다. 조금 발전적인 방향으로 평일에 하지 못한 집안일들과 육아와 더불어 자기계발을 위한 공부나 학원을 가는 것이다.

현실에 있는 많은 수의 남편들은 주말에는 쇼파가 그들의 애인이 되고 있다. 물론 남편들만 그런 것은 아니다. 아내들과 같이 쇼파 위에서 주말을 보내는 가정들이 많이 있다. 우리세대의 부모님들은 더 심하였지만 우리 또한 아직 많은 수의 남편들은 비슷한 행동을 하고 있다. 내 주변의 친구들을 봐도 월요일이 되면 주말에 방영된 모든 TV 프로그램을 흡수해 토론을 한다.

그들이 가정에서 주말동안 편하게 쉬었을까? 과연 주말다운 주말을 보냈다고 할 수 있을까? 가족 구성원이 다음 주말을 기대하고 있을까? 서로 불편하고 힘든 주말이 되었을 것이다. 그렇다면 가족 구성원 모두가 즐거워 할 수 있고 행복한 주말은 어떻게 만들면 될까? 힘들지 않다. 작은 행동으로 변화할 수 있다.

금요일 저녁

회식이나 모임을 자제해야 한다. 요즘 회사들은 회식을 간단하게 식사로 마치거나 심하게 하지 않는다. 대부분의 회식도 목요일에 진행을 한다. 회사에서 금요일 회식을 제안할 때는 목요일로 변경을 유도하라. 부득이하게 모임이나 행사가 금요일에 있을 경우에는 과음을 하지 않고 지하철을 타고 집에 돌아간다는 생각으로 참석해야 한다. 금요일 저녁에 심한 회식을 하면 토요일은 반나절이 사라진다.

일요일 오전에는 대청소를 하는 날이다. 모든 가족들이 일요일 오전에는 반드시 모여서 대청소를 한다. 대청소라고는 하지만 각자의 방과 거실 그리고 이불털이 등 간단하게 30분정도 하면 된다. 물론 종교가 있는 분들은 아침 이른 시간이나 점심에 하면 된다. 토요일 오후도 괜찮다. 단, 모든 가족 구성원이 같이 해야 한다.

주말 점심

평소에 요리를 잘 하지 않는다면 직접 준비를 한다. 일류요리를 만들라는 것은 아니다. 정말 간단한 요리를 하면 된다. 회사를 다니며 매 끼니를 사먹고 다니는 당신의 가족과 건강을 위해서 주말에는 집에서 건강한 음식을 만들자. 요즘은 음식프로그램부터 시작하여 블로그 온라인 등 많은 요리 레시피를 찾을 수가 있다. 거기서 가르쳐 준대로 따라만 하면 어느 정도 먹을 만 하다. 나도 처음에는 라면으로 시작해 현재는 궁중떡볶이, 갈비찜까지 만들 수 있다. 다만 맛이 중요한 건 아니다. 30분에서 1시간 사이로 마무리가 가능하다.

가장 귀찮은 설거지가 있다. 주말에는 내가 설거지를 다 한다는 생각을 가지고 하자. 3끼가 모두 힘든가? 그러면 점심 저녁만 하자. 일주일에 주말 한번 하는 것도 힘든가? 좋다, 일요일만 하는 걸로 시작해보자. 단, 10분이다. 10분의 투자로 가정의 평화가 찾아오기 시작할 것이다.

물론 그것으로 부족하다고 투덜거리시는 분도 있겠지만 말이다.

주말 환경

거실 쇼파 맞은편에 어떠한 것이 있는가? 혹시 커다란 TV가 달려있는 건 아닌가? 집안일을 어느 정도 한 후에는 휴식이 필요하다 포근한 쇼파에 앉아서 이야기를 하고 차를 마시면 좋겠지만 바로 눈앞에 보이는 크고 화려한 TV가 나를 부르고 있다. 어느 누구라도 그러한 상황에서는 리모콘에 손이 갈 수밖에 없다. 나 또한 부모님 댁에 가면 손에 리모컨을 들고 쇼파에 기대있는 모습을 발견하곤 한다. 그렇다고 TV를 안볼 수도 없지 않은가. 정말 본인이 TV를 필요할 때만 보고 싶다면 치워라. 버리라는 말이 아니다. TV를 안방으로 옮겨서 필요할 때만 볼 수 있도록 한다. 뉴스를 봐야 한다고 안 된다고 하는 분들도 있다. 요즘은 신문 및 대중매체 심지어 인디넷으로도 얼마든지 관심이 있으면 뉴스는 쉽게 접할 수 있다. TV를 멀리함으로써 대화가 길어지고, 가족들 간의 한 번 더 서로 이야기할 수 있는 시간이 생길 수 있다. 2시간 이상은 대화시간이 생긴다.

　기본적으로 가족들 간의 많은 대화가 있어야 서로의 힘든 점, 아쉬운 점 그리고 오해들을 풀 수가 있고 서먹해지지 않을 수가 있다. 일주일 내내 아침저녁에만 잠깐 얼굴보고 헤어져 있던 가족이 모처럼 만나는 시간이 아닌가? 이 중요한 시간을 TV한테 빼앗기기는 너무 억울하지 않은가?

　주말 청소 30분, 요리 30분, 설거지 2회 20분 하면 총 80분의 투자이다. 48시간동안 80분 투자하는 게 어려운가? 조금씩 시작하면 된다. 당장 이번 주부터 시작해보라.

　주말은 내가 편하게 쉬는 날이기도 하지만 우리 가족들을 위해 같이 쉬는 날이면 행복한 월요일을 맞이할 수 있다.

아침/저녁 5분 사용법

'사랑 받고 싶다면 사랑하라. 그리고 사랑스럽게 행동하라.'

_벤자민 프랭클린

이른 아침 피곤한 몸을 깨우는 시끄러운 자명종 소리에 일어나서 가장 먼저 하는 일은 무엇인가?

내가 일어나서 가족들을 위해 하는 행동은 어떠한 것들이 있는가? 지각하지 않기 위해 본인의 할일들만 처리하고 뒤도 안돌아 보고 집을 나서는가?

한번 진지하게 평소의 자신의 모습을 돌아보자.

아침에 힘겹게 일어나자마자 씻고 옷갈아 입고 아침 대충 먹고 가방 들고 집을 나서기가 바쁜 것이 일상적인 직장인들이다.

그렇게 나가버린 후에 집에 남아있는 아이와 아내에 대해서 한번 입장을 바꿔봐서 생각해보자.

그들은 저녁에도 늦게 들어오고 아침에도 빠른 속도로 나가버리는 모습을 보면서 서운하고 아쉬울 것이다. 어느 정도 시간이 흐르면 적응이 되어 전혀 기대가 없다.

하지만 아침/저녁 5분으로 가정에 밝은 기운을 비출 수 있다면 어떡하겠는가? 물론 저자가 말하는 내용에 대해서 당연히 하고 있는 독자들도 많을 수 있다. 아니 더 잘하는 독자가 요즘은 많아지고는 있다. 그 수가 아직은 적기 때문에 좀 더 디테일하게 알려주고자 한다.

저녁 5분
- **포옹** : 퇴근 후 집에 문을 열자마자 하는 첫 번째 일은 가방을 벗거나 옷을 걸어두는 것이 아니다. 현관문에 들어서자마자 달려가 아이와 아내를 깊게 포옹해 주는 것이다.(30초) 하루 종일 밖에서 일하느라 볼 수 없었던 나의 가족들에게 따스한 포옹을 하는 것이다. 처음에는 어색하거나 힘들겠지만 시간이 지나면 너무나도 자연스러운 일이 된다. 스킨십은 사람들과의 관계를 따뜻하게 만들어 준다. 심지어 가족이라는 막강한 울타리 안에 있기 때문에 효과는 더 크다.

freehug 라는 포옹이 얼마 전에 한국에서도 인기를 끌고 많은 사람들이 하고는 했었다. freehug를 모르는 사람들과 하는 것이 아니라 가족들과 우선적으로 해야 한다고 생각한다. 안아주기로 인해서 짜증이 사라지고 화낼 것도 작아진다. 지금 당장 안아주기를 실행해보자. 만약 야근으로 인해서 집에 늦게 들어왔을 경우에는 자고 있는 아내와 아이들에게 조용히 다가가 잠을 자고 있더라도 조용히 다녀왔다고 인사하고 살짝 안아주면 된다. 물론 깨지 않을 정도로 해야 한다. 자는 동안에도 사람의 뇌는 돌아가기 때문에 무의식적으로 돌아왔다는 것을 느낄 것이다. 꼭 필요한 행동이다.

- **청소** : 아이가 없는 집은 큰 문제가 없지만 아이가 한명이라도 있는 집의 경우에는 엄청난 음식 쓰레기와 매일 난장판인 집이 유지가 될 것이다. 외출복을 갈아입고 난 후 아내가 시키기 전에 곧바로 음식 및 재활용 쓰레기를 버리고 온다. 음식물 쓰레기라는 것은 매일 버리지 않으면 냄새가 나고 파리나 모기가 생길 수 있기 때문에 가능한 빨리 처리를 해야 한다. 하지만 쓰레기통에서부터 악취가 나고 버리러 가는 과정이 밤에는 위험할 수도 있기 때문에 아내들을 대신해서 직접 처리하는 것이 가장 좋은 길이다. 재활용은 버리는 날짜가 따로 정해져 있지만 음식 쓰레기는 적든 많든 매일같이 버릴 수 있으니 곧바로 실행할 수 있다. 저녁에 처리하지 않으면 밤새 집안에 음식물 냄새가 은은하게 날 수도 있다.

- **정리** : 하루 종일 아이가 가지고 논 장남감과 책들이 집안 곳곳에 널려있다. 어차피 내일 다시 꺼내고 놀겠지만 그래도 아이가 보는

앞에서 간단하게 빠른 속도로 같이 정리를 한다. 단순히 제자리에 가져다가 놓는 것이다. 책은 책장으로 장난감은 박스 안으로 넣으면 된다. 단순하고 빨리 끝낼 수 있지만 그 후의 거실이나 방은 깨끗하다는 느낌을 받을 수가 있다. 아이가 보는 앞에서 같이 하면 아이 또한 습관이 되어 추후 같이 정리하고 본인 스스로도 정리의 습관을 들일 수 있기에 좋은 효과가 있다. 아이 장난감은 작고 가벼워서 성인이 걸어가다 밟으면 그 자리에서 으스러지거나 부러지기도 한다. 정리를 통해서 그러한 위험요소를 줄일 수 있고 아이와 함께 저녁에 뒹굴 수 있는 공간을 만들 수 있다.

이렇게 세 가지를 퇴근 후에 하면 된다. 물론 5분이 넘을 수도 있겠지만 작은 시간을 들여 집안의 분위기가 깔끔해지면 정말 좋은 일이 아닌가? 그 후 저녁식사는 진수성찬에 맞먹는 음식이 나올 수도 있다.

아침 5분
- **침구정리** : 눈을 뜨자마자 너부러져 있는 말린 이불과 베개를 정리한다. 이불을 정리하면 아침의 시작이 깔끔하게 정리가 되며 서녁에 돌아왔을 때 정돈된 이부자리를 보면서 마음이 편함을 느낄 수 있다.

저자가 혼자 살 때는 전혀 이불에 대해서 정리를 하지 않고 침대위에 일어났을 때 모양 그대로 저녁까지 있었고 그대로 들어가서 다시 자기도 하였다.

혼자 살 때도 마찬가지이다. 본인 스스로가 정리정돈이 잘 되는 상태로 생활하고 싶으면 우선 이불부터 정리하자. 정말 20초도 걸리지 않는다.

• **마사지** : 모든 식구들이 동시에 일어나기 시작하기란 어렵다. 먼저 어른들이 눈을 뜨고 그 후에 아이들이 일어나기 마련이다. 물론 아이들도 각자 개성이 있기 때문에 어른들 보다도 일찍 일어나는 아이가 있다.

우선 일어나서 아이들의 팔 다리를 쭉쭉 늘려주면서 마사지를 해준다. 반항을 하더라도 살짝살짝 해준다. 30초면 충분하다. 이 마사지는 아이들이 잠에서 쉽게 깨어날 수 있고 즐겁게 아침을 시작할 수 있게 하는 원동력이 될 수 있으며, 아이들과의 교감을 할 수 있는 첫 번째 발걸음이다. 더불어 아이의 마사지가 끝나면 아내한테도 해주면 된다. 한 가지 주의사항은 간지럽다고 손이나 발로 찰 수 있으므로 조심해서 해야 한다. 웃으면서 아침을 시작할 수가 있다.

• **설거지** : 아침의 식사는 대부분 간단하게 진행을 한다. 토스트나 간단한 식사를 하기 때문이다. 식기의 양이 적고 저녁에 비해 깔끔하게 처리할 수 있다. 1분만 투자하면 금방 처리할 수 있기 때문에 이는 정말 간단하면서도 생색을 낼 수 있는 행동이다. 다만 설거지

후의 싱크대 정리와 식탁위의 정리를 제대로 하지 않고 마무리를 하면 부작용이 심하다는 것을 인지하고 꼭 같이 정리한다.

- **출근 전 포옹** : 퇴근 후에 하는 것과 동일하게 아이와 아내를 따뜻하게 포옹을 해준다. 이 의미는 오늘 하루도 따뜻하고 즐겁게 보내라고 힘을 주는 것이다. 아침저녁으로 이렇게 포옹을 해주는 습관을 들이도록 하자. 그러면 어느 순간 아이도 아내도 자연스럽게 필요할 때나 어디서나 따뜻하게 안아주는 것을 당연시 여기게 된다. 가족들과의 불화나 문제가 있을 경우도 해결 후에는 화해의 의미로 꼭 안아주기를 하도록 하자. 진심이 담긴 안아주기는 몸으로 표현할 수 있는 가장 아름다운 말 중에 하나이다.

네 가지 사항은 아침에 눈을 뜨고 출근 전까지의 일들이다. 5분도 걸리지 않는다. 물론 이보다 더 중요한 것들도 많고 해야 할 것들도 많이 있지만 그중에 아무것도 하지 않는 독자가 있다면 5분만 투자해서 가장 쉽게 할 수 있는 일들이기에 곧바로 시작하면 좋다. 내일 아침에 일어나자마자 실행하자.

사람이 행동을 습관으로 만드는 시간은 최소 21일이 걸린다고 한다. 30대의 경우는 20대보다도 약간 늦으니 30일로 잡도록 하자.

귀찮아 생각지 말고 우선 한 달간 매일같이 진행해 본다. 밑져야 본전 아닌가. 일단 해보는 것이다. 딱 30일만 해보고 가족들의 반응과 나의 달라지는 태도를 확인한다. 그 후에는 어느 순간 본인이 습관처럼 하고 있는 것을 볼 수 있을 것이다.

아침/저녁 5분의 투자, 이처럼 간단하고 쉬운 일이 어디 있는가. 시작하자.

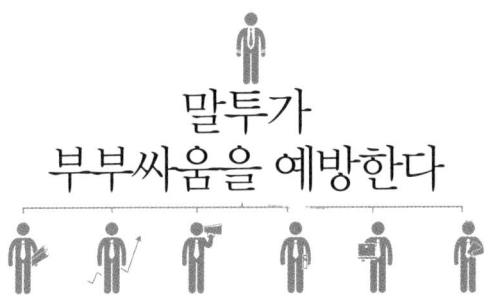

말투가 부부싸움을 예방한다

"막대기나 돌멩이는 내 뼈를 부러뜨릴 수 있다. 하지만 말은 마음을 무너뜨린다."

_로버트 풀검

상황1

A : 오늘은 나가지 말고 집에서 애기 좀 봐주면 안 돼?

B : 내가 이번 주에는 한 달 전부터 모임 약속 있다고 계속 말했었잖아

A : 하지만 매번 자기만 약속잡고 주말마다 나가면서 나는 왜 못나가?

상황2

A : 우리 다음 달에 설악산 쪽으로 놀러가자. 알아봤는데 예약이 가능하데.

B : 하지만 우리 이미 저번 달에도 놀러갔고 가을에도 여행계획 잡혀있는데 또 놀러가?

상황3

A : 과일이 떨어졌네. 나가서 과일 좀 사와.

B : 하지만 난 지금 너무 피곤해. 난 오늘 그냥 쉬어야겠어. 내일 사자.

자 이러한 상황이 있은 후에는 어떠한 결과가 있을 것 같은가? 싸우거나 상대방, 즉 와이프가 삐지거나 분위기가 냉랭하게 변할 수밖에 없다.

동일한 생각과 의견을 말로 어떻게 표현하느냐에 따라서 상대방이 받아들이는 점은 전혀 틀리게 된다.

우리가 일주일동안 집에서 가족과 함께 같이 있는 시간이 얼마나 되는지 생각을 해 보았는가?

각자의 근무 환경이나 직업에 따라서 틀리겠지만 일반적인 회사원을 기준으로 생각하면 평일에는 퇴근 후에 집에 오면 8시 전후가 된다.

물론 더 늦는 사람들도 많이 있다. 8시라고 잡고 12시부터 6시까지 취침을 한다고 하더라도 집에서 있는 시간은 저녁 4시간 아침 1시간 최대 5시간 정도밖에 되지 않는다.

그러면 5시간 동안 얼마나 많은 대화를 나누고 있는가? 대화를 할 수 있는 환경을 만드는 방법은 따로 설명을 하겠다. 우선 대화를 나눈다는 가정 하에 보통 어떠한 이야기들을 하고 어떠한 이슈에 대해서 같이 의논을 하는가? 육아가 될 수도 있고, 친정이나 시댁의 식구들에 대해서 이야기할 수도 있고, 회사에서 생긴 일에 대해서도 이야기를 할 수도 있다.

   그런데 그런 이야기를 하는 중에 앞의 상황처럼 의견차이가 나거나 부딪히는 경우가 살다보면 점점 많이 발생하게 된다. 물론 서로의 생각이 다를 수가 있고 의견이 다를 수도 있다. 그런데 문제는 전달하는 방식에 있어서 의도하지 않게 상대방에게 상처를 주거나 대화를 말싸움으로 바꿀 수가 있다는 것이다.

   저자도 결혼 초기에는 정말로 많이 싸웠다. 서로가 각자 30년 동안의 다른 삶을 살고 한 공간에서 같이 살려고 보니 의견 차이는 빠질 수 없는 단골손님이었다.
   좋게 대화를 하려고 시도를 했을 때도 어느 순간 말싸움으로 변해버린 것이다.
   그 이유에 대해서 여러 가지 생각을 해보았을 때 결론은 나의 문제였다. 나의 문제란 나의 생각이나 의견의 차이가 아닌 나의 말투가 가장 큰 것이었다. 물론 나의 와이프의 말투도 사근사근하지는 않았다.

   내가 느낀 나의 가장 큰 말의 문제점은 바로 전투적인 말투였다. 영업을 하면서 강한 고객들과 말싸움에서 지지 않으려면 나도 모르게 말투가 강하게 변하기도 하였고 담당했던 지역의 억양이 강해서 나도 모르게 닮기 시작했던 것이다. 물론 지방으로 갈수록 억양이 강해지지만 계속 연락하고 전화하는 나의 경우에는 쉽게 그 말투에 대해서 배울 수가 있었다. 더군다나 고객들에게 항상 가격인상이나 배송지연에 대해서 변명을 해야 하고 나 자신을 보호하기 위해서라도 말투가 강해지는 것이었다.

그러다 보니 내가 의식하지 않고 말을 하게 되면 말투가 강하게 나오게 되고 이를 상대방에서는 전투적으로 받아들이는 것이었다. 물론 집에서 뿐만 아니라 회사에서도 가끔씩 그런 말투가 있어서 오해를 일으키기도 했다.

그중에서 가장 큰 말투의 이슈는 '하지만, 그러나'이었다. 말 중간에 하지만이나 그러나가 들어감으로서 상대방과 더욱 부딪히게 되고 상황은 점점 더 안 좋아지게 되는 것이었다.

"과장님, 가나다 제품 이번 주까지 들어온다고 했는데 왜 안 들어왔어요? 제가 몇 달 전부터 계속 말씀드렸자나요?"

"네 맞습니다. 하지만 제가 어떻게 할 수 없었습니다. 저도 계속 요청했어요."

"그래서 어떻게 하라는 건가요? 우린 지금 필요하다구요."

"하지만 담당부서에서도 답변이 없는걸요."

이러한 말투로 가정에서도 서로 충돌을 일으키는 촉진제였던 것이다. 나는 이러한 점을 시간이 어느 정도 지난 후에야 깨닫게 되었다.

부정적인 말보다는 가능하면 긍정적인 말로도 충분히 할 수 있는 섯이다. 단어 사용에 있어서도 마찬가지다. 긍정의 단어를 사용하는 것이 상대방과의 관계에 있어서도 엄청난 좋은 발전이 있을 수가 있다.

예를 들어 '너무나 바쁘고 지금 할 수 없습니다.' 보다는 '제가 지금 먼저 진행해야 하는 일이 있으니, 이것 끝나자마자 확인해 보도록 하겠습니다.' 라는 말이 전자보다 훨씬 더 긍정적으로 들리는 것은 당연한 말이다.

우리가 가정에서 보내는 시간이 평일에는 정말 적다. 그러한 시간동안 서로 별일 아닌 일을 가지고 싸우고 감정이 상하면 따뜻하고 편안한 가정이 될 수가 없다.

지금 부터라도 말투를 바꿔보자.

처음에 제시했던 본문 중에 하나를 '하지만, 그러나'에서 긍정적인 표현인 '그리고'로 바꿔보자. '그리고'가 들어가는 순간 상대방이 느끼는 점은 의견을 무시하는 것이 아닌 좀 더 공손한 느낌으로 받아들이게 된다.

A : 과일이 떨어졌네. 나가서 과일 좀 사와.

B : 과일일 떨어졌구나. 그리고 내가 오늘 너무 회사에서 힘들 일을 해서 좀 쉬고 싶은데 지금 당장 필요하지 않으면 내일 퇴근 좀 일찍 해서 사오면 안 될까?

정말 신기하게 말투자체가 공격적이 아닌 좀 더 해결책을 제시하는 하는 말투로 변경이 되었고 상대방을 배려한다는 느낌이 들게 되었다.

물론 가정뿐만 아니라 사회생활에서도 분명히 엄청난 도움이 될 거라 믿어 의심치 않는다.

'그리고' 말투는 습관으로 아예 만들어 버리는 것을 추천한다. 물론 말이 안 되는 상황도 있을 수도 있다. 반대가 되는 문장인데 갑자기 그리고를 써버리면 상대방은 혼란이 올 수도 있다. 하지만 그렇게 혼란을 일으키는 것이 상대방과의 언쟁이나 불필요한 말싸움을 처음부터 막아주는 역할을 하게 된다.

물론 말을 할 때 '그리고' 만 쓴다고 해서 모든 말투가 아름답고 긍정적으로 변하는 것은 아니다. 가장 중요한 것은 상대방에 대한 배려이다. 내가 상대방의 입장에서 받아들일 때 어떠한 느낌을 받을까 하는 생각을 한번만 해보고 말을 하는 것이다.

나의 따뜻한 가정을 행복하고 다툼없이 즐겁고 아름다운 가정으로 지키는 길은 나로부터 시작된다는 것을 항상 인식해야 한다.

지금부터라도 '하지만' 보다 '그리고'를 연습해보자. 그리고 실천해 보자. 부정적인 말과 단어보다는 긍정적인 것들을 사용해 보자.

"'하지만'은 갈등을 깊게 하고, '그리고'는 갈등을 예방한다. '하지만' 은 적대감을 낳고, '그리고'는 공감을 낳는다."

_적을 만들지 않는 대화법, 샘혼

내 아이는
어떻게 키워야 하나

  육아에 대한 고민은 결혼을 하고 애가 생기면 누구나 한 번씩은 하게 된다.

  특히 요즘에는 학원폭력이다 왕따다 심지어는 심각한 범죄에까지 노출되어 뉴스에 나오기까지 한다.
  이러한 세상에서 아무리 부모가 아이들을 관리하고 아끼고 교육을 한다고 하더라도 아이 스스로 느끼거나 깨우치지 못하게 되면 아무런 소용이 없다.

  예전 우리 부모님 세대들의 경우에는 대가족이 대부분이었다. 우리 부모님들만 하더라도 양가 7형제자매씩 해서 총 14명이나 계신다. 이러한 대가족들은 어릴 때부터 서로가 돌보기도 하고 농사를 지으시기 때문에 대부분 특별한 교육은 없었지만 교육열만은 지금 세대와 견줄 정도로 대단하셨다.

거기에 할아버지, 할머니와 함께 살면서 기본적인 가정교육이나 인성에 대해서도 항상 배울 수가 있었다. 물론 그 시대야 TV나 핸드폰, pc방 이러한 인터넷기반의 제품들이 없었기 때문에 더욱 가능한 일이였다.

하지만 현재를 보자. 핵가족 세대를 뛰어넘어 현재는 한 가족 또는 1인 가족들이 많아지고 있다. 3포세대라는 말이 생길정도로 연애, 결혼, 출산을 포기하고 있는 상태이다. 그러나 그래도 아직은 가정이 유지되고 4인 또는 3인의 가정형태가 그래도 많은 편이다.

그렇다면 이러한 작은 가족의 형태에서 우리는 어떻게 하면 좀 더 좋은 방향으로 육아를 할 수가 있을까? 경제가 어려워짐으로서 결혼하기도 힘들지만 아기를 낳고 짧은 육아휴직으로 곧바로 맞벌이는 기본이요, 아이가 말을 시작하기 전에 어린이집 또는 유치원 등에 보낸다. 그 후에 학교에 입학하자마자 아이들은 학원에 다니느라 정신없고 부모들은 돈 버느라 더 정신이 없다. 아이가 학교에 가거나 학원에 다니기 시작하면서 물론 아이가 집에 있는 시간은 줄어들 수는 있지만 더욱 아이와 함께하는 시간은 없어지는 것이다.

물론 맞벌이나 학원 등을 포기하라는 말이 아니다. 먹고는 살아야 하고 아이들도 공부는 해야 한다. 여기서 우리가 간과하지 말아야 할 것이 있다. 바로 아이의 인성과 가정교육인 것이다. 그것들은 모두 부모와 평소에 어떠한 시간을 보냈느냐에 따라서 결정되기 때문이다.

아이의 교육 및 인성에 대한 좋은 솔루션이 있는지 묻는다면 누구도 정답을 말해줄 수는 없다. 가정마다 경제 상황이 다르고 아이의 개성 또한 틀리기 때문이다.

하지만 일반적으로 우리가 조금만 신경을 쓰고 주의를 기울이면 효과가 정말 좋은 방법들에 대해서는 알면서도 잘못하고 있다. 그럼 어떻게 하면 조금이라도 더 우리의 아이가 행복하게 커나갈 수 있을지에 대해서 생각해보자.

1. 가족식사

우리가 집에서 하루에 몇 끼의 식사를 가족들과 하고 있는지 한번 되돌아보자? 이번 주는? 저번 주는?

점심이야 대부분 직장에서 하기 때문에 아침 또는 저녁 식사를 기준으로 확인해보자. 아마 대부분의 직장인들은 일주일에 한번 또는 두 번이 될 것이다.

잦은 야근에 아침 출근시간은 정해져 있기 때문이다.

하지만 가족식사가 아이의 학습능력에 큰 영향을 준다고 하면 어떠한 생각이 들겠는가? 당장이라도 하고 싶은 생각이 들지 않겠는가?

'밥상머리의 작은 기적(sbs스페셜 제작팀)'을 보게 되면 하버드대학교의 연구진들은 2년 동안 저소득층 아이들을 연구를 한 결과 책이나 장남감 등에 상관없이 아이들의 학습 능력의 차이는 가족식사의 횟수와 식탁에서의 의견 개진이 활발했느냐, 아니냐에 따라 갈렸다. 저소득층이거나 학습적 환경이 풍부하지 않더라도 가족식탁에서 보낸 시간이 많은 아이들은 중산층 혹은 학습 자극이 풍부한 아이들의 언어 능력을 능가했다고 한다.

이렇게 중요한 가족식사를 우리는 점점 소홀히 하고 있었던 것이었다. 회사보다 가정이 더 중요시하는 분들의 경우는 가족식사를 하고 있지만 대부분의 맞벌이 가정에서는 다들 같이 식사를 하는 것은 정말 드물게 일어나는 일인 것이다. 아이가 어릴 때 부모가 책을 읽어주면 140단어 정도가 나오지만 식사를 하면서 나온 단어는 1,000단어가 나온다고 한다. 질적 문제를 떠나 아이들의 경우에는 많은 단어와 글에 노출이 될수록 빠른 속도로 흡수하는 것은 사실인 것이다.

자 그렇다면 우리가 어떻게 해야 우리 가족들과 함께 식사를 할 수 있을까? 그것은 우리가 스스로 시간관리를 하고 가족들에게도 양해를 구해서 만들 수밖에 없다. 퇴근시간이 항상 늦고 출근시간이 일정한 사람이라면 아침식사를 일찍 하는 것이다. 아침 일찍은 다들 집에 있기 때문이다. 아니면 아침이 불가능 하면 일주일에 요일을 정해서 주기적으로 저녁을 같이 먹는 날을 잡는 것도 방법이다. 최소 일주일에 4~5번은 식구들과 같이 식사를 하는 것이 좋다.

저자의 경우에는 어릴 적 식사를 하면서 혼이난 경험이 많이 있다. 물론 문제는 숙제와 공부였다. 그러나 식사하는 자리에서 아이들을 혼내거나 숙제를 물어보거나 아이들의 제어하려고 하는 질문이나 말은 삼가하는 것이 좋다. 아이들한테는 그들의 의견을 물어보고 그들이 그날의 일상생활이나 어떠한 것에 대해서 묘사하거나 설명을 하도록 유도하는 것이 가장 좋은 질문이다.

힘들게 가족들끼리 식사할 수 있는 시간을 만들어 놓고 아이들을 나무라고만 있으면 그것은 정말 아까운 시간낭비인 것이다.

"뉴욕 브루클린의 가난한 러시아계 유대인 이민가정에서 태어난 로렌스 하비 자이거는, 어려운 가정 형편 때문에 신문배달과 우체국 점원 등을 하며 어린 시절을 보냈다. 그의 부모(아버지는 자이거가 9세 때 심장병으로 사망)는 경제적인 여유가 없어서 좋은 옷, 편한 생활을 줄 수 없었지만 아들의 교육만큼은 결코 포기하지 않았다. 그들은 돈 없이 쉽게 할 수 있는 최고의 교육, '밥상머리 교육'을 적극적으로 활용했다. 식사를 하면서 아들의 지적 호기심을 끊임없이 자극했고, 세상에 대해 적극적으로 질문할 것을 주문했다. 그 결과 자이거는 언제나 특별한 질문을 던질 줄 알았다. 그가 바로 CNN의 간판스타이자 역사상 인터뷰를 가장 잘하는 사람으로 평가받는 사람, 래리 킹이다."

_유대인의 교육법 중

2. 질문의 방법과 말투

듣고만 있지 말고 끊임없이 질문하라. 무엇이든 말하고 질문하라.

"오늘은 어떠한 공부를 했니?"
"오늘 학교에서 무엇을 배웠니? 학교에서 어떤 질문을 하였니?"

등의 질문을 통해서 아이와 교감을 하고 아이가 부모에게 좀 더 마음을 열 수 있는 방법을 만드는 것이다.
아이가 스스로 먼저 말을 할 수 있도록 단답형의 닫힌 질문이 아니라 질문에 대한 대답이 다른 질문과 이야기로 연결될 수 있도록 열려있는 질문을 하라는 것이다.

질문에 따른 중요한 것은 아이의 감정과 행동이다.
'가짜부모 진짜부모' 책에서 보면 아이에게 먼저 상황에 맞게 마음을 읽어 공감을 해주어야 한다고 한다. 그 후에 좀 더 그 아이가 직접 행동을 선택할 수 있도록 도와주는 질문을 하라고 한다. 예를 들어 '네가 원하는 게 뭐야?', '그렇게 하는 것이 네가 원하는 것을 얻는데 도움이 되니?' 등으로 스스로 직접 행동할 수 있도록 하는 것이다.

우리도 아이의 시절이 있었다. 하지만 기억을 하지는 못한다. 어떠한 생각과 의식으로 자랐는지 말이다. 그러나 부모님과의 교감을 통한 따스한 감정은 아직까지도 마음 한 구석에 있다. 아이에게 좀 더 따스한 말과 이해할 수 있는 방향의 말을 시도하도록 하자.

아이와 대화를 할 때 과연 아이가 부모에게 무엇을 바라고 왜 이러한 말을 하는지에 대해서도 진지하게 생각을 해봐야 한다. 아이는 아무 때나 때를 쓰거나 울고불고 하지 않는다. 다 이유가 있다. 자신이 원하는 것을 하고 싶고, 공감을 받고싶어서이다. 무조건 아이에게 '안 돼', '하지마' 라고 하기보다는 좀 더 공감을 일으킬 수 있는 "~~했구나" 라는 말투를 써보도록 하자.

음식에 투정을 부릴 때 "우리 채율이는 김치가 매워서 싫은가 보구나~"로, 밖으로 나가자고 투정부리는 아이에겐 "우리 도연이는 놀이터에서 친구들과 놀고 싶나 보구나~" 등으로 좀 더 그 아이들과 공감할 수 있는 말투로 접근을 해보자. 물론 그 후로는 안 되는 이유에 대해서 부드럽게 김치가 건강에 좋고 건강해지면 밖에 나가서 더 재미있게 놀 수 있다 라는 등의 아이가 이해가 될만한 상황들로 설명을 해주는 것이다.

물론 쉽게 되지는 않을 것이다. 그러나 부모가 바뀌면 아이들도 서서히 바뀌는 것을 느낄 것이다. 무엇을 말하는 것보다는 어떠한 말투로 어떻게 말하느냐가 아이들에게는 좀 더 부모님의 말을 따를 수 있는 효과가 있기 때문이다.

아이에게 아이를 사랑하는 만큼 말을 아름답게 해보자.

3. 아이와 놀아주기

많은 아빠가 아이와 놀아줘야겠다고 마음먹으면 날부터 잡는다. 재미있는 장소에 데려가고 근사한 식당에서 외식하면서 하루 종일 아이만을 위해 보내는 시간을 '놀이의 풀코스'로 생각하기 때문이다.
물론 나쁘지 않다. 하지만 엄청난 기획이 필요한 놀이는 아빠의 진을 뺀다. 아이와의 놀이가 즐거움이 아니라 부담스러운 일이 되어버린다. 날씨나 각종 경조사 같은 변수라도 생기면 기껏 세운 계획이 무산되기 일쑤다. '날을 잡는 놀이'는 결코 지속될 수 없다. 게다가 어쩌다 한 번 마련하는 특별 이벤트는 아이와의 애착을 쌓는 데 별 효과가 없다. 벅찬 노력을 요구하는 목표는 이루기 힘들다. 노력하는 과정이 너무 어렵지 않고 재미가 있어야 꾸준히 지속할 수 있다.

_놀이만한 공부는 없다, 권오진

아빠들이 책을 읽거나 말거나 상관없이 중요한 변화가 진행되고 있는데 바로 시간이 속절없이 흘러가고 있다는 사실이다. 우리는 누구나 영원히 살거나 아이와 30년 정도는 함께 산다고 무의식적으로 믿고 있다. 그러나 현실적으로 아이들과 함께 할 수 있는 시간은 길어야 10년, 짧으면 7~8년이다. 물론 아빠가 잘 놀아주면 시간은 훨씬 연장된다. '시간 나면 놀아줘야지.' 라고 생각만 하고 있으면 그 시간은 영원히 오지 않는다.

_행복한 아빠학교

야근이 많을 때는 아이의 잠자는 얼굴만 보고 퇴근하고 다시 출근하는 경우가 있다.

우리나라 직장인들의 많은 수가 아이랑 놀아주는 시간보다는 놀아주지 못하는 시간이 많은 것이 현실이다. 그런데 아이와의 공감은 몸으로 놀아주면서 서로 부딪히면서 많이 쌓인다고 한다.

아이가 어릴 때 많은 스킨십과 놀이가 아이와 부모의 건강한 관계형성에 큰 도움을 주기 때문이다.

부모와의 관계가 소원한 사람들의 대부분 어린시절 부모와 스킨십이 부족했다고 한다. 자 그러면 어떻게 우리 아이와 즐겁고 재미있게 놀아줄 수 있을까? 장난감을 사줘야 하는가? 아니면 놀이동산을 가야하나? 아니면 키즈카페에서 살아야 하는 것인가? 스페셜 이벤트를 준비해서 날을 잡고 놀아야 하는 것인가?

권오진 선생님의 아빠강의에서 강조하는 것이 있다. 그것은 아무렇게나 손에 잡히는 것으로 놀라는 것이다. 쉽게 놀라는 말이다.

어떠한 의미인가 하면 집에 가서 굴러다니는 신문으로 공을 만들어서 아이들과 던지고 받고 아니면 축구를 하던지 찢기 놀이를 하라는 것이다.

우리가 반드시 어떠한 공산이나 특별한 놀이 제품을 가지고 논다는 것은 잘못된 생각이라는 것이다. 아이와 함께 땀을 흘리던 같이 진심으로 웃고 놀라는 것이다.

물론 부모들이 잘 놀지 못하면 노는 것만큼 힘든 것도 없다. 매번 스마트폰이나 컴퓨터게임 등에 집중하는 아이들에게 좀 더 몸으로 놀 수 있는 놀이를 개발하는 것이 부모의 역할이다. 우리가 어릴 적에는 돌던지기. 구슬치기, 딱지치기, 공기 등 할 수 있는 놀이숫자가 정말 많았다.

요즘 아이들은 그런 환경이 부족할 뿐더러 지식이 없다. 논다고 하면 게임을 한다고 생각을 할 것이다. 그러면 어떻게 해야 하나? 무엇으로 놀아야 하나? 그 답은 우리가 스스로 알아봐야 할 것이다.

심지어 요즘에는 부모교육에 대한 강의도 있으니 조금만 관심을 가지면 쉽게 정보를 얻을 수 있을 것이다.

부모가 앞장을 서야 한다. 부모가 귀찮아하지 말고 어떻게든 아이와 같이 놀 수 있는 놀이를 해야 한다. 부엌에서 그릇들을 꺼내서 악기연주를 하던지, 물을 컵에 부어서 실로폰놀이를 하던지, 아이들과 함께 놀이를 하는 노력을 해야 하는 것이다.

피곤하다고 귀찮다고 아이와의 소중한 시간을 낭비하지 말고 같이 놀자. 아이와 노는 것은 아이와의 추억을 만들고 행복한 가정을 이끄는 중요한 법칙이기 때문이다. 놀아보자.

거실에 소통의 테이블을 놓자

우리가 보통 퇴근 후에 집에 와서 어떠한 행동을 하는지 곰곰이 생각해보자.

하루 종일 회사에서 시달리고 퇴근 후에 집에 와서 씻고 저녁을 먹는다. 보통 그 후에 어떠한 일을 하는가? 대부분의 사람들이 아무리 피곤하더라도 곧바로 잠을 자지는 않을 것이다.

대부분은 거실 쇼파에 앉아서 티비를 보던지 인터넷 서핑이나 개인 취미생활 등을 할 것이다.

휴식을 취하는 것은 좋은 일이다. 휴식없이 그 다음날 다시 일한나는 것은 불가능하기 때문이다. 그러나 그 휴식을 하는 동안에 아니 퇴근 후부터 잠자리에 들기 전까지 가족들과 얼마나 많은 대화를 하는가? 자녀가 어려서 엄마 아빠를 계속 찾는 것이 아니라면 가정에서는 많은 대화는 하지 않게 된다. 그날 일어났던 간단한 일이나 이슈 등에 대해서 약간 언급하고 식사를 마친 후에는 티비나 스마트폰에 집중을 하고 있는 모습을 쉽게 볼 수 있을 것이다.

모든 가정이 화목하고 즐거운 하루의 마무리를 보내고 싶은 건 당연한 일이다. 그런데 이렇게 하루의 마무리를 대화가 아닌 티비와 스마트폰으로 하는 경우가 많아지고 있다. 하루하루 날이 지나면 쌓이고 쌓여 습관이 되고 나중에는 무의식적으로 아니 암묵적으로 당연시 되고 있는 것이다. 그러다 보면 점점 집에서 대화가 사라지고 서로 말도 잘 안하게 되고 식구들이 같이 모여 있더라도 아무 말 없이 티비만 보고 있는 것이다. 자녀들이 학력이 높아질수록 집에는 더욱 늦게 들어올 것이고, 그 시기가 되면 거의 대화가 없게 되는 것을 주변에서 쉽게 접할 수가 있다.

물론 요즘 세대의 부모들은 좀 더 스마트해지고 똑똑해져서 대화를 많이 하려고 노력하는 가정들도 볼 수 있지만 여전히 많은 수의 가정에서는 대화가 사라지고 있다.

어떻게 하면 좀 더 가정이 화목하고 대화를 유지할 수 있게 할지 고민을 해보도록 하자.

우선 대화가 잘 되지 않는 가장 큰 물리적인 이유에 대해서 생각을 해 보면 장소와 시간의 한계에 대해서 꼽을 수가 있다.

맞벌이가 많은 요즘 모든 가족이 모일 수 있는 시간은 저녁시간대이다. 그것 또한 야근이나 출장이 자주 없는 사람들이 가능한 것이다. 저녁시간대에 식사를 하거나 식사 후에 모여서 이야기를 할 수 있기 때문이다.

옛날 선조들은 바닥에서 식탁없이 상을 가져다 놓고 먹었기 때문에 상을 치우면 그 자리에서 다과상을 가져다가 그대로 이야기를 할 수 있었다. 요즘은 아파트 생활과 식탁문화를 거의 대부분의 사람들이 하기 때문에 식사는 식탁에서 하는 경우가 대부분이다. 그러면 식탁에서 이야기를 하게 되면 잘 될까? 식탁에서 이야기하는 내용들이 항상 즐겁고 밝고 기쁜 이야기이기 보다는 그날에 있었던 사건사고 그리고 불만 등에 대해서 이야기를 하는 경우도 있고, 학부모라고 하면 아이들의 공부, 숙제, 학원 등에 대해서도 이야기를 하게 되면 아이들은 스트레스를 받아 더욱 말 수가 적어진다. 옛말에 밥먹을 때는 개도 안 건드린다고 했다.

하지만 식사시간을 제외하고는 같이 대화를 하기에는 시간이 맞지가 않는다. 어린아이들의 경우에는 밥 먹는데 집중을 하기 때문에 효과도 적어진다.

그러면 식사가 끝난 후에 쇼파에서 대화를 하는 것은 어떠한가? 거실에는 TV가 자리하고 있다. 쇼파에 앉는 순간 손에 잡히는 것은 리모

컨이다. 편안하게 누워서 티비에 눈을 고정하고 있는 상황에서 대화가 잘 되리라고는 생각하지 않는다. 어린아이들의 경우에는 아빠를 하루 종일 기다리고 놀자고 졸라도 아빠는 티비에 눈이 가 있고 건성으로 대답할 뿐이다. 결국 아이들도 어느 순간 티비에 눈을 고정하고 있다. 대화가 사라지는 것이다.

이러한 현상이 어릴 적부터 아이들의 뇌리에 자리잡게 되면 나중에는 대화 보다는 티비보는 것이 당연시 된다.

거실에서 TV를 없애는 것이 가장 쉽고도 빠르게 우리 가정에서 대화를 발전시킬 수 있는 방법 중의 한 가지이다.

저자의 집도 아기가 태어나면서부터 거실에서 티비를 없애버렸다. 물론 가끔씩은 티비를 볼 필요가 있기 때문에 안방에다 설치를 해 두었다. 물론 거실에 티비가 없으니 티비를 안 보게 되는 것은 사실이다. 주말에 가끔씩 보고싶은 프로가 있거나 뉴스가 있으면 안방에서 보는 일이 있지 거의 시청을 하지는 않는다. 그러나 티비가 없어짐으로서 다른 문제가 한 가지 더 생기고 말았다. 처음에는 티비만 없으면 가족들이 다들 대화를 하고 아이들과 함께 놀거나 할 거라 생각을 하였지만 요즘은 스마트폰이 있어서 쇼파에 앉아서 스마트폰만 보고 있는 것이다.

스마트폰을 항상 옆에 두고 시도때도 없이 보게 되고 심지어 잠자리 직전까지 들고 들어가서 보게 된다. 물론 스마트폰은 이제 우리의 생활과 떨어질 수가 없는 존재가 되었지만 결국 TV를 없앤 목적이 큰 효과를 발휘하지 못하게 된다. TV를 치우는 일 말고 이 시대에는 스마트폰을 집에 들어오는 순간 어느 한곳을 지정해서 그곳에 놓기를 권유한다. 조금 높은 테이블 위나 거실과 약간 떨어진 곳이면 더 좋다. 처음에는 계속 스마트 폰을 보고 싶어서 왔다갔다하지만 금방 석응이 될 수가 있다.

자, 그러면 이제 가족을 방해하는 큰 장애물은 없어진 상태이다. 이제 필요한 것은 대화를 이끌 구심점이 될 장소이다. 식탁은 앞에서 말한 바와 같이 여러 가지 이야기를 하기에는 식탁의 특수성으로 인해서 한계가 있다. 따라서 거실에 티비를 치운 후에 넓은 공간에는 가족들 모두가 앉을 수 있는 깔끔한 테이블과 의자를 설치한다.

티비를 없애면서 주변에 있는 모든 악세사리라던지 티비서랍 등도 다 치워버리고 책장을 가져다 놓는다. 각 방에 따로 책장을 두지 말고 거실에다가 책장을 모아서 두며 그 앞에 테이블을 설치하는 것이다.

저녁에 집에 와서 모든 가족들이 남는 시간에는 무조건 테이블에 앉아서 시간을 보내는 것으로 습관을 잡으면 된다. 아이들에게는 책을 읽어주기도 하고 어른들은 그 자리에서 본인의 독서를 하고 서로 책에 대해서도 이야기를 하고 대화를 하는 것이다. 대화거리가 없어도 책에 대해서 토론도 하고 본인의 생각을 이야기할 수 있으면 그 또한 대화이지 않는가. 무의식적으로 퇴근 후에는 자연스럽게 테이블에 와서 앉는 것이다 그리고 이야기를 하고 테이블위에서 놀기도 하고 아이들 장남감도 만들어 주거나 숙제를 도와주는 것도 좋다. 그렇게 되면 나중에 아이들도 커서 아이들끼리 집에 있을 때도 자연스럽게 테이블에서 공부를 할 수 있는 환경을 조성하게 되는 것이다.

가능하면 아이들이 어릴 때 거실에 테이블을 설치하는 것이 가장 좋다. 물론 부모들이 우선적으로 모범을 보이고 그 테이블에서 책을 보는 모습을 보여주는 것이 가장 중요하다. 그래야만 아이들도 암묵적으로 집에서 책을 읽는 것에 대해서 부담을 가지지 않을 것이며 습관을 만들 수 있는 것이다. 책을 읽는다는 것, 즉 독서는 단순히 티비를 통해 받아들이는 영상과 음향과는 비교를 할 수가 없다. 티비를 보는 것은 말 그대로 우리의 생각이 없이 일방적으로 받아만 들이는 것이라고 생각을 하면 된다. 하지만 독서의 경우에는 책을 읽으면서 저자의 생각에 대해서 나의 생각과 비교 및 비판을 하면서 본인의 사고능력을 기를 수가 있다. 이러한 좋은 독서를 우리가 집에서 티비가 아닌 테이블을 놓게 됨으로서 온 가족이 점점 깊은 사고의 능력을 기를 수가 있으며 그로인해 대화의 깊이도 깊어지기 때문이다.

물론 억지로 이러한 환경을 만들려고 하는 것은 어느 가정에서나 반대나 저항에 부딪힐 수가 있다. 그럴 경우에는 조금씩 시도를 해보는 것이다. 한번 시도하려고 했다가 거센 저항을 받고 포기하지 말고 조금씩 변화를 주면서 바꿔보는 것이 좋은 방법이다. 티비를 갑자기 없애지 말고 거실에서 잘 안 보이는 부엌 쪽이나 구석으로 밀어두고 차츰 방으로 넣거나 아예 덮어버리는 것도 방법이다. 가장 중요한 것은 가족들과의 대화를 이끌어 내는 것이다. 가족들의 대화를 이끌어 내기 위해서 반발만 더 크게 불러일으키면 그것은 마이너스 효과인 것이다.

  테이블 만 있으면 반은 성공한 것이다. 책장은 서서히 만들어도 된다. 일부러 책장을 크게 만들어서 많은 책을 가득 쌓아두면 거부감이 들 수 있기 때문이다. 자연스럽게 가족과 대화를 할 수 있는 장소를 만드는 것이 가장 중요하며, 그에 대해서는 각 가정의 상황과 환경에 따라서 적용하면 된다.

  행복한 가정의 시작은 대화로부터 시작된다는 것을 명심하고 대화를 자연스럽고 즐겁게 이끌도록 의식적으로 노력해야 할 것이다.
  그러면 어느 순간 행복한 가족이라는 소리를 나도 모르게 듣게 될 것이다.

**제5장
인생관리**

쉬어야
힘을 내지

가족여행은
가까운 거리라도 자주가자

"목적지에 닿아야 행복해지는 것이 아니라 여행하는 과정에서 행복을 느끼는 것이다."

_앤드류 매튜스

가족여행은 가족들끼리 공감대를 늘릴 수 있는 가장 빠른 길이다.
가족여행은 가족들의 대화를 가장 많이 할 수 있는 최고의 방법이다.
가족여행은 가족들의 사랑을 확인해 볼 수 있는 기회이다.
가족여행은 가족들간 배려를 할 수 있는 시간이다
가족여행은 가족들과 평소에 하지 못했던 대화를 할 수 있는 시간이다.

가족끼리 가족여행을 얼마나 가고 있는가?
우리가족 뿐만 아니라 다른 가족들과 그리고 친인척과 가는 여행.

지인들 또는 친구들과 같이 가는 여행.

이 여행이라는 것에 대해서는 주변을 보면 큰 차이가 있다. 여행을 잘 가는 가정같은 경우에는 매주 주말만 되면 밖으로 나간다. 심지어 갈 곳이 없으면 한강변에 가서 텐트라도 치고 논다.
하지만 반대가 되는 가정들도 많이 있다. 주말에는 가장이 쉬어야 하기 때문에 집에서 늦잠을 자고 쇼파에서 충전을 해야 하기 때문이다. 이러한 가정은 1년에 여행가는 것이 손에 꼽을 정도로 적다.

물론 사업을 하거나 본인의 직업의 특성상 안가는 게 아닌 못가는 가정들도 많이 있다.
이는 미래를 위해서 지금 현재의 즐거움을 참고 열심히 사는 가정들이다.

우리가 결혼을 하고 아이를 낳은 후에 그 아이들과 함께 보낼 수 있는 시간은 얼마나 될 수 있을까?
아이가 돌이지나 걷기 시작하면 그때부터 함께 즐겁게 보낼 수 있고, 고등학교 1학년까지는 그래도 같이 시간을 보내거나 여행을 할 수 있는 시간이 있다. 16세까지는 그래도 부모님과 시간을 보내는 것을 즐기는 기간이다.

아이의 인생에서 16년이라 하면 100세 기준으로 16%가 되는 것이다. 그런데 이 16%의 시간동안에 아이의 인성과 감정 그리고 부모님에 대한 사랑이 모두 자리가 잡는 것이다.

더군다나 우리나라의 교육환경상 초등학교 때부터 방과 후 학원을 당연하듯이 가기 때문에 평일에는 부모가 아이들과 함께 할 시간은 주말밖에 없다.

16년의 인생 중 2살부터 16살까지인 14년이 중요한 시기인 것이다. 그러면 1년의 휴일만 따졌을 경우 주말 104일(52주)과 연휴 17일인 121일이 된다. 14년 중에 1,694일이 되는 것이다. 4.6년이다.

우리 아이의 인생에서 4.6년만이 부모와 함께 즐거운 추억을 만들 수 있는 시간인 것이다. 물론 저녁에 자는 시간을 빼야하지만 그렇게까지는 하지 않겠다.

어찌 보면 이상한 계산법이라고는 하겠지만 실제로는 이보다 더 적다는 것에 초점을 맞춰야 한다. 더군다나 매주 아이들과 놀아줄 수 있는 부모는 많지 않기 때문이다.

어떻게 하면 여행이 가족에게 가장 행복한 시간이 될 수 있는지 알아보자.

목적

여행이란 어디로 가고, 가서 무엇을 하고, 여행의 주된 목적이 무엇인지 미리 생각해서 가는 것이 좋다.

무작정 그쪽이 좋다고 하니 가는 게 아니라 좀 더 구체적으로 이번여행을 통해 어떠한 것을 얻었으면 좋겠다고 정하는 것이다.

예를 들어, 경주 역사탐방, 서해 조개잡이, 장흥 편백나무 산림욕, 설악산 대청봉 정복, 전주비빔밥 투어 등을 만들 수가 있다. 이렇게 여행의 목적을 잡고 진행을 하게 되면 가족들 간에 의견충돌이나 큰 무리없이 여행을 준비할 수 있다.

왜 이 여행을 가야 하는지 생각하고 노트 상단에 적어 놓자. 물론 의미없이 무작정 떠나는 여행도 있다. 그럴 수도 있다. 하지만 매번 의미없이 떠나는 여행이 되면 과연 자주 가고 싶어할까?

여행을 아무런 의미없이 떠나게 되면 당연히 돌아와서도 의미가 없지 않을까?

스케줄을 짜자

여행 스케줄이란 대중교통 또는 개인차량이동이나 동일하게 준비해야 한다.

기본적인 이동시간과 숙소의 도착시간 그리고 기본적인 동선 등을 파악한다. 그전에 앞서 날짜에 따라 가족들의 의견을 충분히 반영하는 것이 좋다.

아이가 어리다면 엄마 아빠가 각자 여행지에서 하고 싶은 스케줄을 짜도록 한다. 하루하루씩 나눠서 말이다.

아이들이 각자 하루씩 담당해서 원하는 것을 스케줄화하도록 한다. 여행 스케줄을 짜는 가장 큰 이유는 전체적인 시간배분을 신경써야 하는 측면도 있지만 중요한 것은 가족의 여행참여다.

본인들이 직접 스케줄을 만들기 위해서는 인터넷이든 책이든 여행지의 맛집이나 문화 아니면 특성에 대해서 한번이라도 찾아봐야 알 수 있기 때문이다. 더군다나 본인들이 직접 만든 여행지를 가는데 있어 힘이 들거나 지친다고 해서 짜증을 낼 수도 없고 포기할 수 없는 책임감이 무의식중에 들어가기 때문이다. 더불어 그 내용을 찾아보면서 부모님과 함께 도서관도 갈 수도 있고 서점에 가서 관련된 책자를 찾아볼 수도 있다.

여행은 준비하는 과정에서 행복을 느낀다고 한다. 이렇게 가족들과 함께 서로의 생각과 의견을 내면서 스케줄을 만들면 당연히 행복을 느낄 수 있다.

물론 다른 가족들과 같이 여행을 가도 마찬가지이다. 각 가족별로 날짜나 시간을 나누어 여행 스케줄을 작성하도록 하자. 그러면 서로 얼굴 붉힐 일은 없을 것이다. 자신들이 직접 정한 일정으로 책임감과 함께 불만보다 서로에 대한 칭찬이 우선시 된다. 여행이기 때문이다.

 그러나 우리나라 문화는 한명이 주도하고 결정하고 이끄는 방식으로 여행을 진행하다 보니 여행지에서도 갔다 와서도 불만이 있는 경우가 있다. 더군다나 패키지투어라 해서 가이드만 따라서 다니고 가이드의 설명만 듣고 끝나는 경우도 많이 있다. 저자의 경험상 직접 스케줄을 짜고 공부를 하고 간 여행과 가이드투어의 여행은 너무나 큰 차이가 있었다. 전자의 경우에는 다녀와서 그 지역의 역사나 문화 그리고 만난 사람들에 대한 좋은 기억이 오래 남는다. 후자의 경우에는 먹은 음식과 쇼핑 그리고 짜여진 스케줄을 따라 빠른 이동을 한 기억이 남아있다. 물론 나이가 많으신 어르신과 노약자의 경우에는 패키지투어가 좀 더 편하고 쉽게 다녀올 수 있는 여행은 맞다.

 하지만 조금이라도 젊은 우리들에게 있어서는 어떠한 여행이 좀 더 좋은 영향을 줄 수 있을까?

준비물

 가족여행에서 중요한 것 중의 하나는 바로 준비물이다. 특히 해외여행을 갈 때는 하나만 빠트려 가면 현지에서 구하기가 어렵기 때문에 잘 생각해 보고 준비를 해야 한다.

 국내여행과 해외여행 두 가지로 나누면 될 것 같다.

 국내여행시에는 날씨나 시차에 대한 변화가 없기 때문에 크게 신경

써서 준비해야 할 사항은 없다. 다만 구급약은 반드시 챙겨가도록 하자. 더불어 아이들의 나이대에 맞게끔 준비를 해야 하는 사항들도 있다. 당연하겠지만 이런 아이이면 유모차는 필수이며, 기저귀 그리고 약간의 장난감도 반드시 필요하다.

선물

선물은 그 지역 그리고 각 나라별의 특색이 있는 특별한 것으로 구매를 한다. 양주나 IT제품들은 국내에서도 쉽게 구할 수 있기 때문에 추천하지 않는다.

더군다나 해외여행에서 사온 물품을 보면 made in china라고 쓰여 있는 것들을 자주 볼 수 있다. 선물도 미리 구매할 목록을 미리 공부하고 알아보고 해서 준비를 해야 한다. 그래야만 후회없는 쇼핑이 될 수 있다.

약간의 시간만 투자해서 인터넷 검색을 해보더라도 어떠한 물품이 가장 독특하고 사람들이 선호하는지 알 수가 있다.

이 또한 가족들 각자 무엇을 살지 정하도록 한다. 다만 아이들의 경우에는 개인당 쓸 수 있는 돈을 미리 알려주는 것이 좋다. 그러면 현지에서 더 사달라고 투정을 부리는 일은 줄어들 것이다.

배려

여행을 준비하면서 그리고 여행 중에 항상 우리가 잊지 말아야 하는 것은 배려이다. 상대방과 내 가족, 그리고 내 주변 사람에 대한 배려가 중요하다. 서로 양보하고 아끼는 마음가짐을 가지고 여행을 하게 되면 즐거운 가족여행을 만들 수가 있는 것이다.

여행을 왜 가는가? 여행의 목적이 무엇인가? 그것들과 더불어 중요한 것은 내가 얼마나 배려를 하는가 이다.

여행을 하면서 그동안 못했던 이야기들과 서로에 대한 생각에 대해서 나누면서 좀 더 상대방을 이해하고 배려할 수 있기 때문이다.

가족여행은 가기 전에 준비하는 설레임이 좋다.
가족여행은 여행지에서 같이 이야기하고 보내는 시간이 좋다.
가족여행은 서로에 대한 배려를 느낄 수 있어 좋다.
가족여행은 가족 간의 사람을 더욱 크게 만들어 준다.
가족여행은 다녀와서 좋은 추억으로 평생 남는다.

내면의 목소리를 들어보자

"휴식은 어리석은 것이 아니다.
그리고 한 여름 나무 그늘 밑 잔디에 누워 졸졸 흐르는
물소리를 들으며 하늘을 떠다니는 구름을 보는 것은
결코 시간 낭비가 아니다."

_설 J. 럽복

주말에도 가끔씩 걸려오는 고객의 전화, 밤낮 상관없이 들어오는 이메일, 문자, SNS 알림음.

집에 와서 켜놓은 티비에서는 항상 광고와 화려한 영상, 저녁 늦은 시간까지 아파트 위아래 층에서 들리는 사람들의 소리들, 그리고 창밖으로는 자동차 경적소리.

우리가 주변의 모든 것에서부터 잠시라도 떨어져서 자신만의 생각하

는 시간이나 명상을 가져본 적이 있는가? 특히 가정이 있고 회사일에 치여 바쁘게 돌아가는 사들에게는 만들기 힘든 상황인 것이다.

항상 먹고 살기 바쁘다는 핑계로 우리 자신과의 대화를 해본 적이 있는지 생각해 보자. 학창시절은 공부를 하느라고, 대학시절은 친구들과 노느라, 그리고 사회생활을 하면서는 일하느라, 우리 자신을 되돌아 볼 수 있는 시간은 별로 없는 것은 사실이다.

물론 종교가 있으신 분들의 경우에는 자신들의 종교를 통해서 내면의 소리를 듣거나 느낄 수 있겠지만 일반적인 사람들은 그러지 못하는 것이 사실이다.

그렇다면 어떻게 우리 자신과의 대화를 통한 내 자신의 소리를 들을 수 있을까?

명상

가장 기본이 되면서 가장 널리 알려진 방법이다.

명상은 바른 자세와 더불어 바른 호흡을 통하여 자신을 편히 내려놓는다는 생각으로 하면 된다. 저자의 경우에는 아침 새벽에 거실에 나와서 창문을 열어놓고 정자세로 앉아서 10분정도 명상을 한다.

조용한 클래식 음악을 틀어놓으면 더욱 좋다.

처음에는 아무런 생각없이 졸리기만 하다가 자주 하다보면 어느 순간 몸과 마음이 분리되는 듯한 느낌을 받을 수가 있다.

더불어 내가 항상 고민하고 생각했던 것에 대해서 스스로 질문과 답변을 하는 순간이 나타나게 된다.

도서관

도서관에 가서 책장들 사이에 가만히 서있어 보자.

그리고 천천히 책장과 책장 사이를 걸어보자. 사람이 없는 도서관이면 더욱 좋다.

책들을 보면서 조용히 걷기 시작하면 그 책들의 내용들이 나에게 들어오는 듯한 느낌이 든다. 도서관에서 걷다보면 너무나 조용하고 사람들의 책장 넘기는 소리를 들을 수가 있다.

그렇게 한동안 걷다보면 나 자신에 대해서 여러 가지 생각이 떠오를 것이다.

그 생각들에 대해서 그냥 떠오르도록 내버려 둔다. 그런 생각들을 계속해서 듣다보면 나도 모르게 나 자신에 대해서 정리가 되는 듯한 느낌이 든다.

특정한 이슈나 해결책을 찾고 싶으면 도서관을 가라. 그리고 책들 사이를 걷다보면 내 눈에 들어오는 책들이 있을 것이다. 그 책에서 필요한 답변을 얻을 수도 있고 단순히 지나친 책 제목에 의해 나의 생각이 정리가 되거나 힌트를 얻을 수 있을 것이다.

템플스테이

보통 종교에서 진행하는 행사에는 종교의 색체가 강하게 묻어나기 마련이다.

하지만 템플스테이의 경우에는 그러한 종교의 냄새가 많이 없어서 어느 누가 가도 부담스럽지가 않다. 그렇기에 많은 외국인들이 한국의 템플스테이를 찾고 있다.

이곳에서는 스님들과 같은 생활을 하게 된다. 새벽4시에 일어나서 다 같이 기도를 하고 원하는 사람은 절을 하고 그렇지 않은 사람들은 앉아있으면 된다. 그 후 아침을 먹고 산책 및 명상의 시간을 가진다.

오후에는 산에 오르거나 조용하게 할 수 있는 일들을 하게 된다. 더불어 스님들의 좋은 말씀을 듣는다. 저녁에는 다시 모여 기도 및 명상의 시간을 가지고 다 같이 밖에 누워서 별을 보기도 한다.

개인적으로는 설악산 쪽에 있는 절들을 추천한다. 그곳에서는 아름다운 설악산과 맑은 공기로 가만히 있어도 정화가 되는 느낌에 나도 모르게 밝아지는 느낌을 받을 수가 있다. 새벽 일찍 일어나도 맑은 공기 덕분인지 가뿐히 일어날 수 있다. 저녁에도 티비나 라디오 없이 9시가 되면 취침을 하는데 정말 잠이 너무나 잘 온다.

템플스테이를 하면서 나와 대화를 하는 시간이 많이 주어진다. 며칠 동안 조용히 나와의 대화를 하게 되면 집에 돌아갈 때쯤에는 나도 모르게 마음속에 무엇인가 뚫린 듯한 느낌을 강하게 받는다.

공동체 생활을 하면서 다른 사람과의 대화가 적은 반면 내 스스로와의 대화는 많아지는 신기한 경험을 하게 된다.

등산

혼자 등산을 해보자.

사람들이 잘 안가는 평일이나 새벽시간을 추천한다.

힘든 등산을 하면서 혼자 아무 말 없이 산 정상까지 1~2시간 힘차게 올라가면 아무도 없는 정상을 맞이할 수 있다. 땀으로 범벅된 얼굴과 옷을 그대로 입고 정상에 앉아보자.

세상을 다 가진듯한 느낌이 들 것이다.

그렇게 앉아서 가만히 정상에서 불어오는 시원한 바람을 느껴보자.

시원한 바람을 맞으면서 산 아래를 내려다보면 내가 무엇이든지 할 수 있을 것 같은 생각이 든다. 그렇게 땀을 식히고 나서 눈을 감고 바람을 느끼고 나무향을 들이마시면서 자신의 내면의 소리에 집중을 해본다. 내가 무엇을 원하고 어떠한 사람이 되기를 원하는지, 내가 가는 길이 맞는 길인지, 내가 하고자 하는 것들이 과연 옳은 것인지 등등. 그렇게 꾸준하게 생각을 하면 어느 순간 복잡했던 머리가 깨끗하게 정리되는 듯한 느낌이 들 것이다.

자신의 몸을 힘들게 하여 모든 집중을 몸이 아닌 가슴으로 집중을 하는 것이다. 그렇게 되면 좀 더 나에 대해서 진지하고 깊게 생각할 수도 있다. 아무도 방해할 사람이 없으니 더욱 좋지 아니한가.

삶을 살면서 자신의 목소리를 한번이라도 진지하게 들어본 사람은 많지 않을 것이다.

직장생활을 하면서 일은 하기 싫은데 먹고살기 위해 일을 하는 사람들.
전공은 마음에 안 들면서 나중에 취업을 위해 공부하는 사람들.
하고 싶은 일이 따로 있지만 돈을 버는 일에만 몰두하는 사람들.

이런 사람들은 자신들의 마음에서 무엇을 원하는지 진지하게 생각을 해보고 꾸준하게 내면의 소리에 귀를 기울여 봐야한다.

저자 또한 전 직장에서 꾸준히 다니다가 어느 순간 회사를 옮겨야 하겠다는 생각이 들었고 여러 업체의 면접을 보았다.
하지만 정작 최종적으로 선택한 회사는 연봉이 높거나 복지가 좋거나 집이 가까운 회사는 아니었다. 선택한 회사는 내가 하고 싶은 일과 내가 도전할 수 있는 가능성을 가지고 있는 회사였기 때문이었다.
다들 이직을 했다고 하면 연봉이 얼마나 올랐는지 얼마나 큰 회사인지를 묻는다. 하지만 가장 중요한 질문은 당신이 좋아하는 일을 선택했는지 이다.

자신이 정말로 하고 싶은 일이 무엇인지, 그리고 자신이 정말 원하고 즐겁게 할 수 있는 것은 무엇인지 깊이 생각해 보아야 할 것이다.

손미나의 "다시 가슴이 뜨거워져라" 라는 책에서 저자가 아르헨티나를 여행하는 중에 어느 탱고카페에서 한국 사람을 만나게 된다. 그는 여행차 아르헨티나를 방문했다가 탱고에 빠지게 된다. 그리고 여행 후에 한국으로 돌아와서 하루 종일 탱고 생각에 일이 손에 잡히지 않고 오직 탱고에만 심취해 있었다고 한다. 결국 회사를 그만두고 부모님의 만류에도 아르헨티나로 오게 된다. 단지 탱고에 빠지고 즐기고 싶었기 때문이라고 한다.

우리가 생각하기에 그는 과연 잘한 일을 한 것일까 라는 생각을 할 것이다. 나이드신 부모님을 버리고 혼자서 지구 반대편으로 아무런 인맥도 없는 지역에 정착하기는 쉽지 않은 일이다. 아니 약간은 비정상적으로 보이기도 한다.

하지만 그 자신의 생각은 과연 그럴까? 그는 자신이 정말 미치고 좋아하는 것을 따라 내면에서 말하는 이야기를 계속 듣고 결정을 한 것이다.

자신의 내면에서 진정으로 원하는 것을 따르는 그는 정말 대단한 사람인 것이다.

그처럼 극단적인 생각을 하라는 것은 아니다. 우리도 우리 자신의 마음속에서 들리는 이야기에 대해서 진지하게 들어보고, 내가 과연 원하고 잘할 수 있는 것이 무엇인가 생각해 보자는 것이다.

내 안에서 외치는 소리를 한 번쯤은 귀 기울여 들어볼 필요가 있다. 무엇을 말하고자 하는지 들어보자.

감사하는 마음

"사람이 얼마나 행복한가는 그의 감사의 깊이에 달려있다."

_존밀러

우리가 살면서 감사를 해본 적이 얼마나 많은가? 선물을 받거나 누가 예상치 못한 도움을 주거나 아니면 식당에서 식사가 나오거나 누군가가 나를 위해 어떠한 행위나 좋은 말을 해주었을 때 항상 "감사합니다."를 자동적으로 말하게 된다.

누가 시켜서라기보다는 스스로 어릴 적부터 배워온 습관이라고 할 수 있다. 물론 습관적으로 감사하다고 할 수도 있겠지만 듣는 사람의 입장에서는 기분이 좋다.

이러한 감사의 말을 가슴속으로부터 우러나와 진심으로 해본 적이 있는가? 정말 마음이 아리고 고맙고 너무나 행복해서 감사하다고 해본

적이 있는가? 우리나라 대부분의 사람들이 감사의 인사에 많이 인색하다. 더불어 인사를 하더라도 습관적으로 하는 사람들도 있다. 이러한 큰 이유 중에는 우리가 예전과는 다르게 핵가족화가 되면서부터 주변의 어르신을 뵙기가 많이 힘들어지고 이러한 예의들에 대해서 접하는 횟수가 현저히 낮아져서 그럴 수도 있다. 물론 중요한건 가정에서 교육이 부족한 것도 있다.

감사를 전파하고 다니는 사람들이 있다. 감사의 위력이 대단하다고 말을 한다. 물론 종교적으로 접근하는 분들도 계시지만 일단 종교에 대해서는 배제하고 우리같은 일반인들이 감사에 대해서 생각을 해보면 다들 좋은 반응을 보이지는 않는다. 저자도 처음에는 그랬다.

"누구에게 감사를 하란 말인가?"
"무엇을 감사하란 말인가?"
"기도를 하라는 말인가?"
"무슨 감사한 일이라도 있어야지 감사를 하지."

하지만 감사라는 것은 다른 사람으로부터 발생되는 것이 아니라 내 안에서 나오는 것이다. 나를 통해서 나오는 것이 진정한 감사인 것이다. 내가 직접 감사한 일들을 찾고 현재에 대한 모든 것에 대해서 감사하기 시작하면 그 순간 우리 삶에 있어서, 아니 나 자신에게 있어서 힘을 주고 얼마나 소중한지를 깨닫게 해주는 좋은 방법이다.

저자도 처음에는 감사에 대해서는 종교적인 색체가 강해서 그렇게 좋아하지는 않았다. 하지만 여러 책들을 읽어보고 주변의 사람들이 감사함을 표현하는 것을 보고는 서서히 변하기 시작했다. 물론 나도 겉으로 표출하기까지는 시간이 많이 걸린 건 사실이다.

자, 그럼 어떤 방법으로 우리가 감사의 마음을 가질 수 있으며, 또한 표현을 할 수 있을까? 간단한 방법들이 있다.

하나. 우선 무엇에 대해서 감사할지를 정해야 감사를 해야 할 것 아닌가? 이에 좋은 감사연습을 할 수 있는 예가 있어 인용해 본다.

〈일상의 감사 연습을 시작하기 위한 체크리스트 5〉
1. 이제까지 살아오면서 고마운 사람들을 떠올려 봅시다.
2. 이제까지 살아오면서 가장 기쁘고 충만한 사건을 떠올려 봅시다.
3. 이제까지 살아오면서 나를 정말 지지해주고 격려해준 사람들을 떠올려 봅시다.
4. 당시에는 힘들었지만 오늘까지 나를 발전하게 해준 사건을 떠올려 봅시다.
5. 오늘 하루 눈떠서 잠들기 전까지 의식주 생활을 가능하게 해준 사물

과 사람을 5가지 이상 떠올려 봅시다.

감사, 감사의 습관이 기적을 만든다. _정상교

그렇다. 모든 감사한 일들은 일상에서 그리고 주변에서 나에게 있는 일에 대해서 시작을 하면 된다. 정말 아무것도 없다고 생각이 들면 이런 생각을 시작하는 것 자체에도 감사함을 가지면 된다.

감사일기를 쓰시는 분들을 보면 정말 사소한 거 그리고 이런 것도 감사가 될까라고 생각되는 것까지도 모두 있다.

절대 대단한 큰 것만을 이야기하는 것은 아니다. 심지어 아침에 해가 떠서 감사하다 라는 일기도 보았다. 웃어넘길 수도 있겠지만 나이가 들면서 내가 그 다음날의 아침을 맞이할 수 있을까 라는 막연한 불안감을 가진 분들에게는 아침에 맞이하는 태양이 정말 감사할 수가 있겠다는 생각이 들었다. 이렇듯 감사라는 것은 어려운 것이 아니다. 무엇에 대해서 감사를 하는 것인지는 이제 이해가 되었을 것이라고 생각이 된다.

둘. 감사하는 대상이나 목표가 떠오르고 생각이 들면 이제는 표현을 해보자. 표현 방법에는 크게 3가지로 나눌 수 있다.

1. 말로 표현하기

말로 표현하기는 정말 쉽고도 편하게 할 수 있다. 내가 생각이 드는 내용에 대해서 그 자리에서 말을 하는 것이다. 따로 시간을 정해서 말하는 것이 아니라 느끼는 그 순간에 뱉어내는 것이다.

누군가가 앞서 걸어가다 빌딩문을 잡아주자마자 감사합니다 라고 하고 식당에서 뜨거운 음식이 나와서 나한테 사장님이 가져다 주셔도 감사합니다 라고 하는 것이다.

물론 너무 진지하게 표현하기 보다는 마음에서 우러나오게 전하면 된다.

몇 해 전에 개그콘서트에서 나온 "감사합니다"라는 코너가 있다. 어떠한 행동이나 일을 해도 무조건 감사합니다~감사합니다~ 이렇게 외치는 코너였는데, 이 코너 덕분에 한때는 애어른 할 것 없이 감사합니다~를 외치고 다녔다.

바로 이러한 것이다. 다만 프로그램에서는 개그라는 소재이기 때문에 이상한 상황이나 가벼운 감사를 전했지만 이 또한 안 하는 것 보다는 좋다.

단, 회사나 여러 사람이 같이 일하거나 작업을 하는 공간에서는 너무 많이 하면 상대방이 진심을 못 느낄 수 있기 때문에 적당히 하는 것을 추천한다.

2. 글로 표현하기

말로 표현하기가 때와 장소에 대한 제약이 없다면 글로 표현하기는 일정한 시간을 가지고 하는 것이 좋다.

글로 표현하기는 일기와 글쓰기 두 가지로 할 수가 있다. 글쓰기는 말 그대로 메모장이나 노트를 준비하고 그곳에 꾸준히 적는 것이다. 한곳에 계속 적는 것이 효율이 가장 좋다고 한다. 메모장이나 포스트잇에 적어도 좋기는 하지만 후에 떨어져서 사라질 경우가 있기에 노트 한권에 꾸준히 적는 것을 추천한다.

일기의 경우에는 두 가지로 볼 수가 있다. 아침에 일어나자마자 또는 저녁에 자기 직전 등이다.

하지만 저자의 경우에는 아침일기를 추천한다. 왜냐하면 사람들이 아침에 일어나서는 이성적인 부분이 활성화가 되어있고, 저녁에 자기 전에는 감성적인 부분이 활성화가 된다고 한다.

저녁에 일기를 쓰면 나도 모르게 너무 감성적이 되고 안 좋았던 부분에 대해서도 깊이 생각하는 경향이 생겨나기 때문에 아침 일찍 이성적인 마음으로 일기를 적는 것이다.

물론 이 또한 커다란 부담감없이 간단하게 "해가 떠서 감사합니다." 이런 식으로 5개 정도 적으면 된다.

아침뿐만 아니라 저녁까지도 다 적어도 당연히 좋다!

3. 온라인상에 표현하기

이는 가장 효과가 좋고 오래 갈 수 있는 방법이다.

개인의 SNS나 블로그 등에 매일같이 자신의 감사일기를 올리는 것이다. 물론 다수에게 노출이 될 수는 있지만 유명인이 아닌 이상 크게 부끄럽거나 감추지는 않아도 된다.

자신의 감사함을 진심으로 담아서 SNS나 블로그 등에 올리게 되면 지인들은 그 글에 좋은 답글을 달아줄 것이다.

이러한 반응은 나를 더욱 힘이 나게 해주고 그에 대해서 또한 감사의 마음을 가지게 된다. 소통은 SNS의 가장 큰 힘이자 장점이기 때문이다.

나의 감사로 다른 사람들까지 좋은 기운을 가지고 그에 대해 좋은 기분을 가지면 이는 나뿐만 아니라 모든 사람들에게 좋은 방향을 선사하게 되기 때문이다.

저자의 경우에는 일기로 적다가 이제는 블로그에 올리기 시작했다. 왠지 블로그에 올리면 좀 더 꾸준히 지속적으로 끊기지 않게 써야한다는 의무가 들기 때문이다.

셋. 꾸준히 하자.

감사한 일이 있으면 우선 말을 하자.

감사한 일이 있으면 글로 적어서 표현을 하자.

그리고 나에게 있어 감사한 일들을 항상 매일같이 표현을 하자.

지속적으로 매일같이 꾸준히 하게 되면 나의 정신, 즉 의식의 변화가 이루어질 것이며 나도 모르게 밝아지는 자신을 금방 만날 수가 있을 것이다.
 감사라는 것은 힘든 것이 아니다 다만 안하기 때문에 힘든 것이다. 당장 지금부터 밝은 미소를 지으며 감사를 해보도록 하사.

 넬슨 만델라 전 남아프리카공화국 대통령은 46세부터 27년간 옥살이를 하였다. 70세가 넘는 나이에 출소를 하면서 너무나 건강하고 밝은 표정으로 나왔다.
 사람들이 어떻게 건강을 유지했냐고 물었다. 그는 웃으면서

 "나는 감옥에서 중노동을 나갈 때 넓은 자연으로 나간다는 즐거움에 비록 몸은 힘들지만 일을 즐겼습니다.
 하늘을 보고 감사했고, 땅을 보고 감사했습니다.
 남들은 감방에서 좌절과 분노를 삭였지만 나는 마음을 내려놓고 용서를 했습니다.
 물을 마시며 감사했고 음식을 먹으며 감사했고 강제노동을 할 때도 감사했습니다.
 그랬더니 세상의 모든 즐거움이 저를 감쌌습니다."

독서를 배우면 다시 태어나게 된다

"좋은 책을 읽는다는 것은 과거의 가장 훌륭한 사람들과 대화하는 것이다."

_데카르트

"책을 두 권 읽는 사람이 책을 한 권 읽는 사람을 지배한다."

_링컨

계란 한판이 가득 차는 나이가 될 무렵 첫 직장인 전자장비 연구원으로서 중소기업을 다닐 때였다. 구로에서 수원 영통근처로 이사를 하게 되었다. 나는 당시 부천에 살고 있었고, 입사 2년차로서 경력이 더 필요하였다.

한 1년간 왕복 5시간의 출퇴근을 하였다. 그 5시간 동안 독서를 시작했다.

하루에 한권씩 차근차근 읽기 시작하였다. 덕분에 출퇴근 가방에는 항상 책이 한두 권 들어있었다. 주말에도 이동시에는 항상 책을 가지고 다니는 습관이 생겼다.

솔직히 큰 변화는 없었지만 당시에는 책을 보는 것이 정말 재미있고 즐거웠다. 가끔씩 책에서 어느 순간 내 마음을 울리거나 뒤통수를 쩡 하고 울리는 글귀를 발견하면 뿌듯하기도 했다.

평범하며 어디선가 들어본 듯한 글들이였지만, 당시 나를 가장 크게 움직이게 했던 글귀는 "당신이 어떠한 일을 할 때, 아침에 일어났을 때 가슴이 뛰고 설레이겠는가? 그 일을 시작해라!" 이었다.

그 문구를 시작으로 일주일동안 내가 어떠한 일을 하면 잘하고 재미있고 설레일까? 라는 생각을 하였다. 저녁에 자기전 '내일은 이런 일을 한다고 생각하고 일어나보자.' 라는 생각을 주입하기도 하였다. 주변 사람들한테도 내가 어떠한 일을 하면 가장 어울릴 것 같은지를 물어보곤 하였다. 신기한건 주변에서의 판단이 나의 생각과 일치하는 것이었다.

연구원으로의 삶이 아닌 내 적성에 맞는 영업을 해보자! 라는 생각으로 어느 책에서 습득한 방법인, A4용지에 내가 영업을 해야 하는 이유에 대해서 가득 작성을 하였다.

저녁 8시에 무작정 서울 본사로 올라가 부사장님과 면담을 하였고 좀 더 시간을 가지고 생각해 보자고 하셨다. 사람의 마음이 다 똑같지는 않았다.

그 일후로는 내가 하고 싶은 일을 찾기 위해 더 노력하게 되었다. 어느 정도 시간이 지났을 무렵 지성이면 감천이라고 하지 않았던가, 결국 본사에서 기술영업으로 옮기라는 확인전화를 받았다.

나는 어느 작가가 쓴 책에서 감동을 받았고 그 감동을 가지고 실현을 위해 노력을 하였다. 노력하는 과정에서도 책의 도움이 정말로 컸다.

만약 책을 보지 않았다면 나는 변화가 있었을까?

여러분은 독서가 정말 필요하다고 생각하는가? 필요하다고 막연하게 생각만 하는 건 아닌가?

독서가 왜 필요한지는 소크라테스의 말을 인용하도록 하겠다.

"남의 책을 읽는 데 시간을 들여라. 남이 애써서 얻은 것으로 자기 자신을 쉽게 개선할 수 있다."

그렇다. 책을 한권 쓰기 위해서는 그 사람의 모든 것을 집중하여 쓸 수밖에 없고 모든 지식이 다 들어있다. 그 책을 읽음으로서 우리는 아주 쉽게 작가의 생각과 지식을 얻을 수 있기 때문이다.

독서가 필요하다면 얼마나 읽어야 하는지 궁금하다. 당신은 한 달에 얼마만큼의 독서를 하는가?

우리나라 직장인의 한 달 평균 독서량은 0.8권이라고 한다. 가까운 일본은 6.1권, 미국은 6.6권이라고 한다. 이러한 독서량의 차이는 글로벌 시대에 개인의 능력의 차이 나아가서는 국력의 차이가 된다.

우리나라가 과학 쪽으로나 문학적으로 아직 노벨상이 없는 가장 큰 이유는 바로 이렇게 작은 독서량이기 때문이다.

본인이 독서 시간이 없다는 핑계는 대지 말자. 혹시 하루에 스마트폰에 치중하는 시간은 얼마나 많은가? 내 생각에는 우리나라 직장인들이 스마트폰을 보는 시간에 책을 읽으면 일본, 미국보다도 훨씬 많은 양의 책을 읽었을 거라고 생각한다. 나는 이해한다. 우리 직장인들이 엄청난 스트레스와 하루하루 힘든 업무가 여유를 사라지게 만든다는 것을 알고 있다. 스마트폰은 유일한 취미생활이 되고 있기 때문이다.

어떻게 하면 독서를 좀 더 많이 할 수 있을까? 다음의 세 가지를 시도해 보자.

하나. 짜투리 시간을 이용하자.

"책을 읽는 데 이용할 수 있는 자투리 시간이 세 가지 있다. 겨울, 밤, 그리고 비오는 때이다. 겨울은 한 해의 자투리이고, 밤은 하루의 자투리이며, 비오는 때는 한 때의 자투리이다. 그러니 그 자투리 시간을 이용하여 학문에 정진한다면, 시간이 없다는 말은 할 수 없을 것이다."

_동우

엘리베이터 기다리는 시간 3분×5회, 화장실 이용시간 10분×1회, 출퇴근 시간 30분×2. 자기전 15분 대부분의 사람들이 사용할 수 있는 시간이다. 이들을 더하면 100분, 50%만 사용하자. 하루에 적어도 40~50분정도 된다.

힘들 것 같은가? 스마트폰은 항상 들고 다니지 않는가? 스마트 폰이 아닌 책을 들고 다니는 습관을 들이면 된다. 의식적으로 억지로라도 들고 다니자.

나는 한때 2호선으로 출퇴근을 하였는데 그 당시에는 사람이 너무 많아서 책을 구매할 때 아예 미니북으로 구매를 하였다. 최근에는 e-book이나 심지어 스마트폰으로도 독서가 가능하다.

그래도 종이책이 가장 좋으니 책을 들고 다니는 습관을 꼭 만들어서 자투리 시간을 낭비하지 말자. 더군다나 잠을 자기 전에 스마트폰을 보는 것과 책을 보는 것의 차이는 비교를 하지 않아도 알거라 생각한다.

이 시간만 사용하면 최소 1주일에 1권은 읽을 수가 있다.

둘. 일요일 저녁시간을 활용하자.

"기회를 기다리는 것은 바보짓이다. 독서의 시간이라는 것은 지금 이 시간이지 결코 이제부터가 아니다. 오늘 읽을 수 있는 책을 내일로 넘기지 말라."

_홀브룩 잭슨

황금같은 주말에는 약속도 많고 그동안 피곤한 몸을 풀어줘야 하고 티비도 본다. 열심히 한주동안 일한 당신 즐겨라. 다만 일요일 저녁 9시가 되면 다시 돌아올 월요일을 고민하지 말고 책상 앞에 앉아 책을 한권 읽어보자.

딱 1시간이다. 그 책을 읽는 중에는 월요일에 대한 고민과 걱정이 없어지며 마음이 차분해 지는 것을 느낄 수 있을 것이다. 1시간 책을 읽고 나면 서서히 졸리기 시작하니 일찍 잠자리에 들어라.

월요일 아침에는 쉽게 눈을 뜰 수 있을 것이고 왠지 모를 뿌듯함이 생길 것이다.

셋. 책 한권에 한 가지 실행

책을 한권 읽고 난 후 덮어본다. 전체적인 작가의 생각도 비판해 보고 서평을 남겨도 좋다.

내가 시간을 투자해서 책을 읽었으면 얻는 것이 있어야 한다. 무엇이든 좋다. 본인이 독서를 하면서 저자가 이야기하는 내용이나 본인이 느낀 내용 중에 실천할 수 있는 한 가지를 꼭 실행하라.

딱 한 가지다. 두 가지 이상을 하려고 하면 실패한다.

이 책을 읽고 독서를 하루에 10분씩 해야지 라고 생각했다면, 딱 10분만 해라. 책 한권에서 얻은 한 가지의 실행은 독서를 할 때마다 쌓여 후에 엄청난 힘이 되어 줄 것이다.

넷. SNS or 블로그의 활용

요즘에는 SNS나 블로그에서 자신이 직접 설정한 목표를 달성하게 체크해주는 프로그램이나 게시판이 있다. 나의 경우에는 블로그에 100권의 책에 대해서 연재하는 것을 설정하여 최대한 매일같이 하려고 하고 있다. 이렇듯 자신이 혼자서 일정한 시간에 책을 보기가 힘들고 산만하고 특별한 책읽는 이유가 없다고 하면 이런 챌린지 프로그램을 시작하면서 내 주변에 널리 알릴 수가 있다.

주변 사람들에게 널리 알려준 이상 억지로라도 할 수 있지 않을까? 하는 생각이 든다.

내가 읽은 책이 조금씩 쌓이고 서평이 남겨지면 그로인해 본인 스스로 뿌듯해지고 더불어 더욱 자극을 받게 되어 점점 읽는 책들이 쌓이게 된다.

책은 한사람의 생각과 그의 삶이 녹아있는 가장 큰 지혜의 덩어리이다.

우리는 그 지혜의 덩어리를 한권의 책으로 쉽게 얻을 수 있어 행복할 따름이다.

자 쉽게 다른 사람의 지식과 의식을 책을 통해 배우도록 하자.

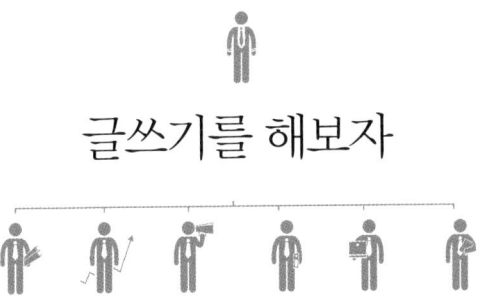

글쓰기를 해보자

"삶을 업그레이드 시켜 줄 수 있는 조용한 혼자만의 시간이 필요하다.
삶의 속도보다는 방향을 잡아줄 수 있는 성찰의 시간이 필요하다.
자신의 생각을 가다듬을 수 있는 생각 정리의 시간이 필요하다.
나는 이러한 시간들을 가장 효과적으로 만들어 낼 수 있는 행위가 바로
'쓰기' 라고 생각한다."

_김병완, 책쓰기 혁명중

독서에 대해서는 누구나 할 것 없이 중요하다 라는 것을 잘 알고 있다. 왜냐하면 독서는 책을 읽으면서 그 저자의 글을 받아들여 자신의 생각과 비교하고 생각을 할 수 있다. 독자가 책을 읽으며 저자와 소통을 하며 때로는 비판과 깨달음을 얻을 수가 있다.

그런데 독서는 넓은 측면에서 보면, 내가 읽고 받아들이는 한 방향 방법이다. 저자가 쓴 내용을 읽고 받아들이는 한쪽 방향의 소통 통로인

것이다. 우리가 독서를 통해 생각을 하고 그에 따라 깨달음을 얻은 후에는 그 내용을 다시 저자한테는 전달할 수가 없는 것이다. 아니 저자뿐만 아니라 지인이나 다른 사람들한테 전하는 방법은 많지가 않고 효과가 작다. 물론 서평이나 독후감을 통해서 전달이 되지만 이 또한 크지는 않다.

그러면 어떻게 한방향이 아닌 양방향의 소통을 이룰 수가 있을까? 그에 대한 답은 글쓰기에 있다. 글쓰기란 받아들이는 input이 아닌 본인의 생각과 느낌에 대해서 밖으로 표출하는 output이기 때문이다. 항상 받아들이기만 하는 사람과 받아들이는 내용에 대해서 본인의 생각을 밖으로 표출하는 사람 중에 어떤 사람이 좀 더 효과적이라고 생각이 드는가? 당연히 Input과 output을 같이 진행하는 사람이다.

우리가 어릴 적에 항상 하던 숙제중의 하나는 독서를 한 후에 독후감을 적으라는 것이었다. 지금 생각을 해 보니 독후감을 적기 위해서는 그 책을 완전히 내 것으로 만든 후에 소화해서 나의 생각을 첨부해야만 독후감이 가능한 것이다. 하지만 어느 순간 중, 고등학교 시절이 되면서 독후감 숙제는 사라지고 대학 입학에 필요한 논술이 중요하게 작용하고 있다. 논술 자체가 입시의 한 가지 과목이 아닌 진정으로 학생들에게 사고력을 줄 수 있어야 하는데 약간 변질이 되고 있는 것 같다.

하지만 우리 세대의 경우 논술은 거의 하지 않았으며 글쓰기 또한 접하기가 많이 어려웠다. 학창시절에야 어쩔 수 없이 숙제로 했어야 했지만, 대학을 가면서 전공공부와 영어공부 그리고 취업공부에 대해서만 신경을 썼지 제대로 된 글쓰기를 할 수 있는 기회는 적었다.

글쓰기가 왜 중요한지는 글쓰기를 해 본 사람만이 알 수 있다. 글쓰기를 통해 자신의 생각을 정리하고 생각의 힘을 기를 수 있기 때문이다. 저자도 글쓰기에 있어서는 자신이 없는 사람 중 한명이다. 그런데 이렇게 글쓰기를 하고 있다는 자체가 너무나도 신기하고 놀랄만한 사실이다. 주변사람들이 글을 쓴다고 하면 깜짝 놀랄 정도의 사람이었기 때문이다.

그러면 어떻게 하면 일반인들이 글쓰기를 좀 더 효과적으로 잘 할 수 있는지 알아보자.

주제 및 제목 선정

우선, 자신이 가장 자신 있고 평소에도 잘 말할 수 있는 주제를 하나 선정한다. 업무에 관련된 내용일 수도 있고 본인의 취미생활이나 전공이 될 수도 있다. 어느 주제든 일단 한 가지를 정하면 된다. 막연히 쓰고 싶다는 내용이 아니라 자신이 잘 알고 있고 자신이 있는 주제를 찾는 것이 가장 중요하다.

그 다음으로는 그 주제에 맞게 소주제에 대해서 4~5개 정도 정리를 한다. 예를 들어, 여행이라는 주제로 글을 쓴다고 하면 국내여행, 해외여행, 배낭여행, 출장지여행, 자전거여행 등으로 나눌 수가 있다. 물론 본인이 생각한 내용들이 더 많으면 많을수록 좋다. 하지만 일단 처음 시작하는 사람이라면 소주제를 작게 시작하는 것이 나중에 더 많은 성취감을 느낄 수가 있다.

목차 및 소주제 잡기

소주제를 잡았으면 글쓰기의 준비가 반 이상 완료가 되었다.

이제 그 소주제에 따른 목차를 만들어 보도록 하자. 각각 소주제에 알맞은 목차를 쓰는 것이며, 자신이 경험하였거나 평소에 관심이 있었던 것을 기준을 두어 목차를 만들어 보자.

큰틀인 소주제가 있기 때문에 목차를 만드는 것은 누구에게나 어려운 일이 아니다. 많은 목차가 있어야 좋은 것이 아니다. 자기가 쓸 수 있는 목차에 대해서 만들면 되는 것이다.

그러한 목차를 각 주제에 맞게끔 넣다보면 어느 사이 목차가 완성되고 그 목차에 따른 책 한권이 눈에 보이는 듯 할 것이다. 목차까지 쓰면 이제 어느 정도 팔부능선은 넘은 샘이다.

엉덩이 붙이기

이제 나머지는 딱 하나다. 가장 중요한 엉덩이 붙이기이다. 독서도 마찬가지이지만 책상 앞에 앉는 습관을 들여야 한다. 일단 앉기만 하면 글쓰기는 시작이 가능하다. 내가 말하고 싶은 목차 중에 한 가지를 골라서 본인의 생각을 쓰기 시작한다. 일정한 시간 30분이든 1시간이든 쓰기 시작한다. A4용지 두 장 정도면 충분하다. 처음에는 글쓰기가 힘들겠지만 자꾸 쓰다 보면 나도 모르게 글이 길어지는 것을 느낄 것이다.

하지만 모든 사람이 책상 앞에 앉는다고 해서 글이 물 흐르듯 나오지는 않는다. 그래서 저자가 가장 효과적인 팁을 소개하겠다. 우선 본인이 쓰고자 하는 주제에 관련된 시중에 나와있는 책들 중에서 본인에게 가장 쉽게 읽히고 재미가 느껴진 책 한권을 선정한다. 여러 가지 수백 수천 권의 책들이 있지만 본인과 가장 잘 맞으며, 왠지 모르게 소화가 잘되듯이 이해가 빨랐던 책을 고르면 된다.

본인이 가장 쉽게 읽고 이해가 빠르게 되는 책이라는 것은 본인의 스타일과 가장 어울린다는 의미이고 그 책의 스타일을 본인이 지향하기 때문인 것이다.

필사하기

본인의 주제가 너무 특이하거나 심오하여 책을 찾기 힘들다고 하면 반드시 같은 주제의 책이 아니라도 상관없다. 그 책을 구하고 난 뒤에, 책상에 앉아서 글쓰기 전 10분 독서를 하고 그 후 책을 그대로 필사를 한다. 저자의 경우 워드를 쓰기 때문에 책을 펴놓고 20분 정도 그대로 그 책의 내용을 치기 시작한다. 저자는 이것을 마중물 효과라고 말하고 싶다.

필사를 20분 정도 한 후에 본인의 주제에 맞는 글을 쓰기 시작하면 놀라울 정도로 글이 자연스럽게 써지는 것을 느낄 수가 있을 것이다. 이는 그 책의 저자의 생각과 말투 그리고 책의 흐름에 대해서 자신도 모르게 동화가 되는 것이라고 생각이 된다. 물론 이러한 작업 없이 자연스럽게 글을 쓰는 것이 가장 좋지만 정말 글이 안 써지거나 힘들 때는 이러한 마중물 방법을 써서 쓰는 것도 좋다.

꾸준히 지속하기

이렇게 일정한 시간을 정해서 하루에 조금씩 꾸준히 글쓰기를 하다 보면 자신도 모르게 언제 어디서나 어려움 없이 자연스럽게 글을 쓰는 본인을 발견하게 될 것이다. 단, 매일 일정한 시간을 투자해서 꾸준하게 써야한다는 것을 명심해야 한다. 한 달에 한두 번으로는 좋은 효과를 얻을 수가 없다.

매일같이 하루에 단 3분이라도 글쓰기를 하는 것이다. 그렇게 하면 자신도 모르는 사이에 3분이되고, 다시 5분, 10분, 1시간까지도 늘어나는 자신의 글쓰기 능력을 볼 수가 있을 것이다.

한번 시도해 보자. 자신이 정말 글쓰기에 소질이 있었는지는 아무도 모르는 일이다.

글쓰기는 소질보다도 습관이다. 내가 글쓰기에 얼마나 소질이 있느냐보다는 자신이 얼마나 글쓰기에 대해서 노력했느냐가 좋은 글을 쓸 수 있는 지름길이다.

두려워하지 말고 지금 당장 근처에 있는 아무 종이에 자신의 의견과 생각을 써보도록 하자.

한 글자가 모여 두 글자가 되고 그것들이 모여 한 문장이 되면 어느새 한 페이지 한 권의 책이 될 수가 있다.

해보자 지금 당장.

젊을 때 준비해야 할 3가지

"바쁜 사람에게는 나쁜 버릇을 가질 시간이 없는 것처럼 늙을 시간이 없다."

_앙드레 모로아

우리나라의 인구가 점점 노령화가 되고 있다. 주변의 공원이나 산에 가보면 평일인데도 불구하고 정말 많은 수의 노인과 더불어 어르신들을 만날 수가 있다. 뿐만 아니라 젊은 사람들도 너무 많다. 정년이 일찍 다가오는 것에 반해서 의료기술은 우리의 인생을 100세까지 연장을 해 주고 있다. 일을 하고 싶어도 회사에서는 길어도 60세까지만 일할 수 있다. 이 또한 선택받은 자들에 대해서다.

나는 얼마나 회사에서 일을 할 수 있을까? 라고 생각을 해 보았을 때 남은 시간은 적게는 13년 길게는 23년이다.

그 후에 남은 40년은 어떻게 무엇을 하면서 보낼 것인가? 라고 되물었을 때는 깜깜하다. 보이지가 않는다. 걱정할 만큼 현재의 삶이 만족스럽지도 않기 때문이다.

주변을 보면 사업을 하시는 분들을 제외하고는 명퇴 후에 특별하게 일을 하시거나 취미생활을 하시는 분들이 드문 것이 사실이다. 다만 몇몇 분들은 자신이 젊었을 때 공부하고 준비한 것을 취미삼아 여전히 열정적으로 사시는 분들이 계신다. 물론 그런 분들은 대부분 부자라고 불리우는 경제적인 여유까지도 가지고 계신다.

행복한 노후를 즐기시는 분들을 통해서 우리가 지금시점에서 준비해야 하는 세 가지에 대해서 고민해보도록 하자.

하나, 운동

생각해보자. 몸의 어느 한 부위가 노화되어 쓰기 힘들다면 과연 행복할까? 밖으로 나가지도 못하고 누워만 있다면 어떤 느낌일까? 하루가 멀다 하고 병원을 간다면 정말 지칠 것 같다.

건강이 우리 삶을 행복하게 사는데 있어서 가장 중요하다는 것은 모두가 알고 있는 일이다. 아무리 돈이 많고 행복하다고 하더라도 아파서 죽으면 무슨 의미가 있겠는가.

건강을 지키는 길은 여러 가지가 있지만 그중에서도 운동을 빼고는 건강을 지킨다고 할 수는 없을 것이다. 대부분의 사람들은 운동이라고 하면 헬스장에서 하는 런닝머신이나 근육운동을 생각한다. 하지만 내가 여기서 강조하고 싶은 것은 운동을 위한 운동이 아닌, 심신의 건강을 위한 것이다.

고려해야 할 것은 나이가 들어도 할 수 있고 즐길 수 있는 운동, 주변 사람들과 같이 어울리면서 할 수 있는 운동, 야외에서 맑은 공기를 마시면서 할 수 있는 운동 등을 고려해봐야 한다.

사람마다 다들 환경이나 생각이 틀리고 본인이 좋아하는 것이 틀릴 수 있다. 그렇기 때문에 내가 평생 할 수 있고 나이가 들어서도 무리없이 할 수 있는, 그리고 프로까지는 아니지만 잘한다는 소리를 들을 수 있는 것을 찾아야한다.

• 등산

나같은 경우에는 최근 5년 동안 미친듯이 산에 다녔다. 산 정상에서 내려다보는 그 풍경은 너무 짜릿했고 성취감이 있었다. 하지만 너무 심하게 전국의 명산을 돌아다니다 보니 무릎에 무리가 오기 시작했다. 결국 이제는 예전의 속도로 2박3일 동안 등산한다는 것은 조금 힘들게 되었다. 과유불급이라고 하였듯이 너무 좋아해도 심하면 적게 하는 것만 못하다. 등산은 하루에 4~5시간 정도 하는 것이 가장 좋다. 등산을 시작하고 나서는 다리가 튼튼해진다는 것을 느낄 수 있었고 더불어 계단 오르거나 걷기 등은 일반인보다 잘 할 수 있게 되었다.

단점이라면, 환경적인 요인으로 매일같이 산행을 하는 것은 힘들다.

직장인이라면 주말에 가능하고, 주말이라도 눈비나 악천후 또는 일이 있을 때는 갈 수가 없다. 더불어 등산을 하기위해 이동하는 시간도 크다. 그럼에도 불구하고 등산은 정말 매력적이다.

- 자전거

가장 추천할만한 방법 중의 하나이다. 큰 무리없이 본인의 스타일로 운동을 할 수 있다. 맑은 공기를 마시면서 한강을 가로지르는 기분은 직접 해보지 않고는 느낄 수가 없다. 다만 자전거를 탈 때는 무엇보다도 안전이 우선이 되어야 하기에 안전 장비는 꼭 갖추고 타야한다. 자전거도 등산과 마찬가지로 하체의 힘을 많이 기를 수가 있다. 본인의 체력을 배분해서 타는 것이 가장 중요하다.

단점은 초기 장비에 대한 투자비용을 들 수가 있다. 그리고 많아지는 자전거 인구로 인해서 안전상의 문제도 위험요소로 꼽을 수가 있다. 환경적인 요인은 눈비만 오지 않는다면 웬만큼 탈 수 있다. 장점은 매일 탈 수 있으며, 집 근처에서도 가능하다. 나는 가끔 출퇴근을 자전거로 하고 있다.

- 수영

내가 가장 후회되는 것 중에 하나가 어릴 때 수영을 배우지 못한 것이다. 수영은 중력의 저항 없이, 즉 관절에 부담없이 할 수 있는 운동이다. 노약자 임산부들한테 정말 좋지만, 특히 나이가 들어감에 따라 반드시 필요한 허리근육과 척추를 강화시키는데 가장 좋다. 다만 우리가 잘못알고 있는 상식 중에 하나는 어깨가 넓어지거나, 골다공증에 효과가 있는 것, 당뇨나 고혈압에 좋다는 것은 아니라고 한다.

단점은 수영을 할 수 있는 곳이 한정적이라는 것이다. 수영장을 가야만 수영이 가능하기 때문이다.

둘, 악기

색소폰, 기타, 피아노, 드럼 등 혼자서 시간을 보내야 할 때가 종종 있다. 그 시간을 본인 혼자서 연주할 수 있는 악기를 타악기가 되었던 현악기던 배우는 것은 어떠한가.

왜 지금 시기에 악기를 배우는 것이 중요하냐면 일단 시간적인 문제가 있다. 나이가 들기전에 틈틈이 작은 시간이라도 배워놓으면 추후 나이가 들 때쯤에는 상황에 맞춰 내가 운용할 수 있는 악기들이 있다는 것은 매력적인 일이다. 다른 한 가지는 체력이다. 악기 또한 심폐지구력을 요하는 것부터 시작하여 혼의 힘, 다리의 힘까지도 필요하기 때문이다.

악기는 다른 운동이나 공부와는 틀려서 처음에는 고수들에게 도움을 받아야 한다. 가장 큰 단점이기도 하다. 더불어 초기에 시간과 노력이 다른 것들보다는 좀 더 심하게 들어간다.

어릴 적에는 부모님의 권유로 인해서 피아노 학원도 다녀보고, 다른 악기들도 연주하였지만 내가 즐기지 않고 떠밀려 온 경우이기에 현재 전혀 기억이 나질 않는다.

   나는 피아노를 배우고 있다. 다행히 와이프가 피아노를 잘 쳐서, 무료로 배울 수는 있지만 여간 힘든 일이 아니다.

   악기를 배우게 되면 나 자신이 정화된다는 느낌이 든다. 음악이라는 것은 우리의 마음을 치유하는 능력이 있기 때문에 스트레스를 받거나 마음속에 상처가 있는 사람들도 아름답고 좋은 음악을 들으면서 그들의 아픔을 치유하는 방법이 있다. 심지어 내가 직접 연주하는 음악이란 얼마나 본인의 마음에 와 닿을지 생각해 보자.
   내 몸으로부터 시작하여 악기를 통해 나오는 음악이 다시금 나의 몸속으로 들어와 나를 치유해준다는 것은 정말 놀라운 일이 아닐 수가 없다.

   주변을 돌아다니다보면 많은 분들이 악기를 연주할 줄 알고 또한 배우고 있다는 것을 알 수가 있을 것이다. 그들 중의 한명에게 악기를 배워서 연주하는 이유를 물어보라. 그것이 내가 왜 악기를 배워야 하는지 알 수 있는 가장 좋은 방법 중의 하나이다.

   가능한 시간이 될 때 내가 할 수 있는 악기는 하나 만들어 두도록 하자. 나중에 나이들어 더 배우기 전에 하나 해두면 언제든지 나의 재능을 써먹을 수 있을 기회가 올 것이다.

물론 내가 즐겁게 생활할 수 있는 원동력이자 스트레스를 해소할 수 있는 좋은 방법이 될 것이다.

"It's easy to play any musical instrument: all you have to do is touch the right key at the right time and the instrument will play itself."

"악기를 연주하는 것은 쉬운 일이다; 네가 해야 할 것은 맞는 건반을 맞는 때에 누르는 것이기에, 그러면 악기 스스로 연주하기에."

_J. S. Bach

셋, 공부

가장 중요한 것이다. 인생은 평생 공부라고 하였다.

여기서 공부라 하는 것은 일반적인 어학공부 또는 진급시험을 말하는 것은 아니다.

자신이 가장 좋아하고 팔 수 있는 한 가지 분야에 대해서 진지하게 공부를 하는 것을 의미한다. 지금부터 준비하면 내가 정년퇴직을 할 때쯤이면 한 분야에서 뛰어날 수가 있다.

관심을 가지고 있는 분야가 없다고 생각이 들면 회사에서 본인이 담당하고 진행하는 분야에 대해서 최소 100권의 책을 읽고 공부를 하여라. 그러면 어느 순간 자신의 위치가 높아져 있는 것을 느낄 것이다.

끝까지 엄청난 깊이로 뚫고 들어갈 수 있는 공부 한 가지에 몰두하라.

공부라는 것이 나에게 부담을 주는 것이 아니라 내 삶에 있어서 윤활유가 된다고 생각을 하여야 한다.

평생 한다는 마음가짐으로 하루에 10분에서 30분이라도 꾸준하게 하는 습관을 만드는 것이 가장 중요하다. 그 어떤 공부가 되었거나 중요한 것은 내가 매일 일정하게 공부를 하고 있다는 사실이다.

주말에 몰아서 공부를 하는 것이 아니라 평일에 조금씩 하는 것이다. 몰아서 하는 공부보다 평일에 조금씩 쌓이는 공부가 더욱 우리에게 많은 효과가 있고 기억에도 많이 남는다고 한다.

직장생활이 힘들고 지치는가? 매일 야근을 해서 시간이 없는가? 집에 오면 잠자기 바쁜가? 하지만 자세히 돌아다보면 우리가 하루에 10분 이상 아무런 의미없이 버려지는 시간이 많다는 것을 알 수 있다. 자신의 버려지는 시간을 체크해 보자. 그 시간 단 10분에서 30분은 충분히 만들 수 있다.

변명보다 우리에게 필요한 것은 실천이다.

"제대로 배우기 위해서는 거창하고 교양 있는 전통이나 돈이 필요하지 않다. 스스로를 개선하고자 하는 열망이 있는 사람들이 필요할 뿐이다."

_아담 쿠퍼

내가 아는 50대의 선생님은 자전거로 평일 새벽 출근 전 30km가량 떨어진 헬스장을 가서 운동을 하고, 다시 자전거로 15km를 타고 와서 사무실로 출근을 한다. 그 다음에 취미생활로 색소폰을 연주하고 배우고 다니신다. 더불어 부동산 쪽에 공부를 너무 열심히 해서 석사와 더불어 작년에는 박사를 취득하셔서 강의까지 하고 계신다.

물론 경제적으로 자유로운 인생을 살고 있으시기 때문에 더욱 존경스러워 보인다. 최근에는 젊은 사람들도 하기 힘든 복근을 식스팩으로 만들어서 보여 주셨다. 얼마나 멋진 인생을 살고 계신가.

물론 이분은 우리가 만나는 일반인과는 특별한 차이가 있다. 하지만 우리라고 못하라는 법은 없지 않은가?

당신이 늦었다고 생각할 때가 가장 빠른 때이다. 우리도 멋진 인생을 시작해 보자.

서른일곱, 63년의 목표

30대 인생후반을 잘 사는법

1판 1쇄 발행 2016년 2월 10일
지은이 서민석 **펴낸곳** 북씽크 **펴낸이** 강나루
주 소 서울시 성동구 행당동 192-29 성동샤르망 1019호 **전 화** 070-7808-5465
등록번호 제206-86-53244
ISBN 978-89-97827-76-3 **이메일** bookthink2@naver.com
Copyright ⓒ 2016 서민석

＊잘못된 책은 구입처에서 교환해 드립니다